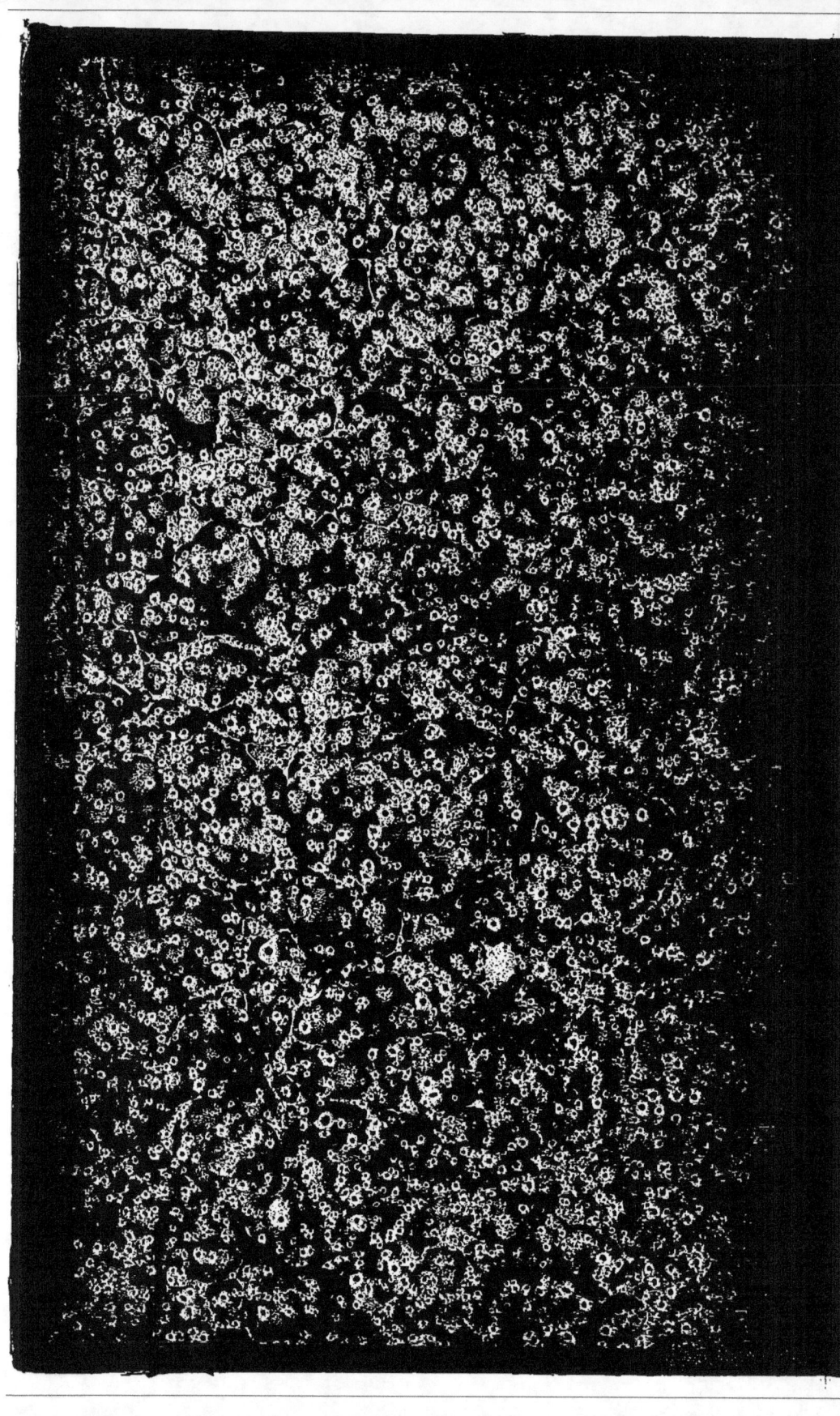

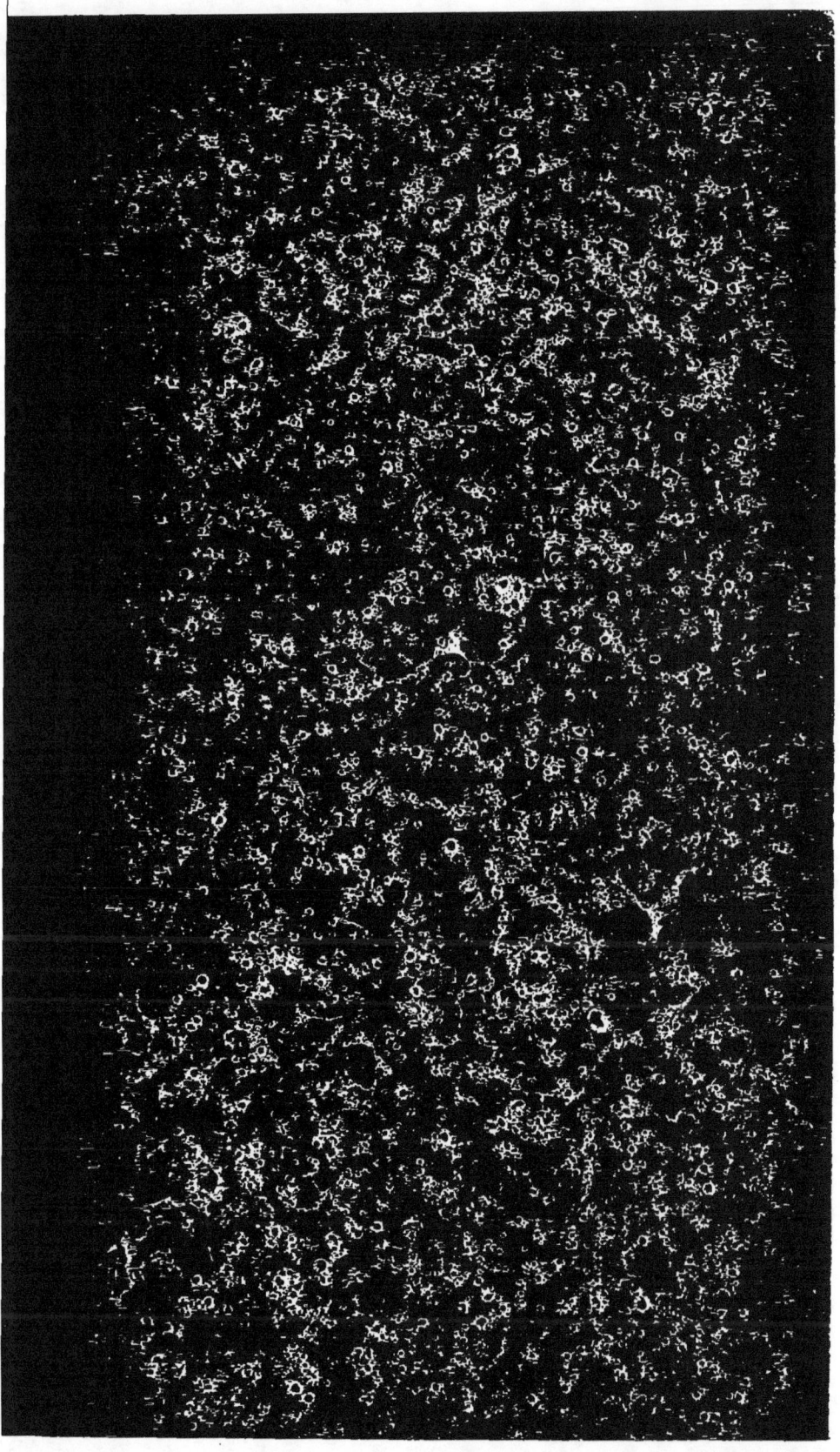

Les Arts de l'Ameublement

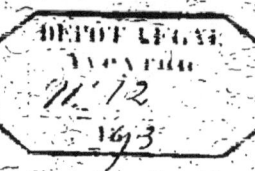

La Tapisserie

PARIS
Librairie Ch. Delagrave

LA TAPISSERIE

LA TAPISSERIE

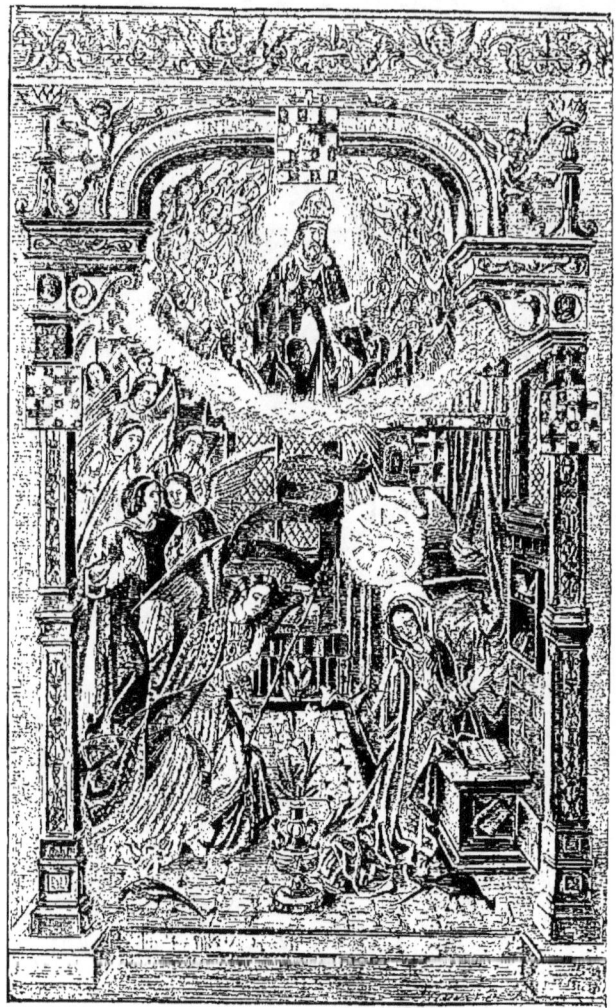

Fig. 1. — L'*Annonciation*, pièce de l'*Histoire de la Vierge*, tapisserie du XVIᵉ siècle.
CATHÉDRALE DE REIMS.

LES ARTS DE L'AMEUBLEMENT
Ouvrage publié sous le haut patronage de l'Administration
des Beaux-Arts

LA
TAPISSERIE

PAR

HENRY HAVARD

Inspecteur des Beaux-Arts
Membre du Conseil supérieur

QUATRE-VINGT-DIX ILLUSTRATIONS PAR S. HUGARD

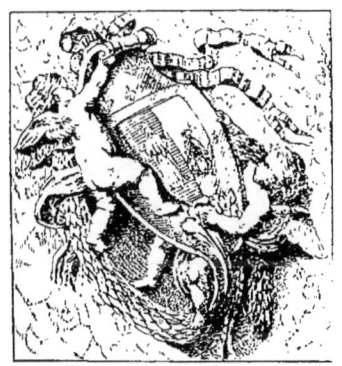

PARIS
LIBRAIRIE CHARLES DELAGRAVE
15, RUE SOUFFLOT, 15

Tous droits réservés

Il a été imprimé 100 exemplaires de cet ouvrage sur japon des manufactures impériales, numérotés et signés.

LA TAPISSERIE

PREMIÈRE PARTIE

TECHNIQUE

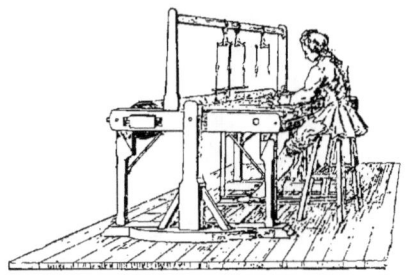

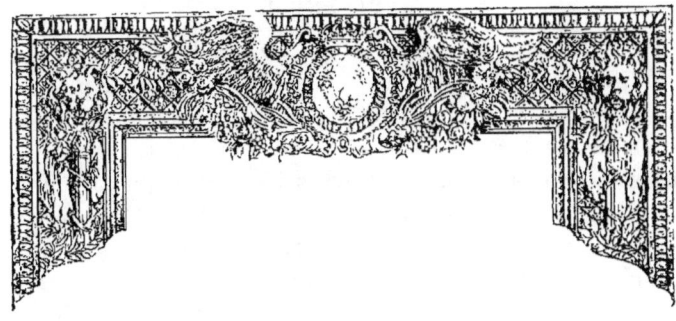

I

ORIGINE DE LA TAPISSERIE. — SON UTILITÉ.
SA RAISON D'ÊTRE.

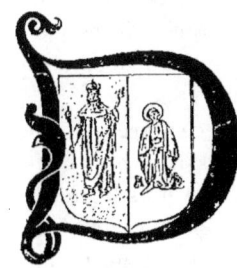E tous les arts de l'ameublement, il n'en est aucun qui soit plus ancien que celui de tisser des étoffes. Il n'en est pas non plus qui rende plus de services. L'étoffe, en effet, ne se borne pas à constituer dans nos habitations un élément de décoration essentiel, elle joue encore un rôle d'une indéniable utilité, par la multitude d'emplois auxquels elle se prête. Sous forme de tentures, de rideaux, de portières, elle clôt les portes et les fenêtres, prévient les courants d'air et nous préserve ainsi de la rigueur du froid et de l'extrême chaleur. Sous forme de tapis, elle empêche qu'on ne sente l'humidité du sol, et rend la marche agréable et moelleuse. Comme couverture de sièges ou de lits, elle enlève au bois, au métal, au marbre, leur dureté inhospitalière. Enfin, utilisée comme draperie, elle orne à merveille les murailles en leur communiquant un aspect de richesse et de confortable qu'on demanderait vainement à une autre matière.

Si l'étoffe remplit toutes ces conditions dans nos habitations modernes, les services qu'elle rend aux peuples primitifs sont bien autrement considérables. Dès le principe, l'homme se drape dans ses plis avec complaisance. La femme s'efforce, de son côté, de montrer ses formes, plus séduisantes encore, à travers les voiles qui la couvrent. Puis du vêtement, l'usage du tissu passe à la demeure; d'abord à la tente, « cet abri du nomade, sorte de second vêtement, de large manteau dont l'homme enveloppe avec lui sa famille et ses biens[1] ». Enfin, quand la civilisation s'est établie, quand les édifices de bois, de pierre, de marbre, ont remplacé l'abri portatif, l'étoffe, qui n'abdique rien de ses prérogatives, conserve une importance si grande, qu'un architecte allemand[2] a cru pouvoir faire du tissu l'élément principal et pour ainsi dire générateur des idées de séparation et d'enceinte. Sous le régime du bois, comme sous celui de la pierre, M. Semper réduit les parties solides au rôle de supports, de soutiens destinés à porter la tenture et à être dissimulés par elle.

Nous n'avons point à rechercher dans ce livre si cette théorie n'offre pas quelque chose d'excessif. Nous nous bornerons à constater que, dès l'antiquité la plus haute, la possession des tissus d'ameublement fut considérée comme un luxe précieux. Déjà, au temps d'Homère, dans toutes les habitations princières, il existait une chambre secrète où ils étaient conservés avec soin[3]. Le respect qu'inspiraient alors les belles étoffes était si grand qu'Eschyle nous montre Agamemnon refusant de fouler les tapis que Clytemnestre a fait étendre au seuil de son palais. « C'est aux Dieux, s'écrie-t-il, qu'un tel hommage est réservé. Un mortel ne doit pas marcher sur la pourpre richement brodée! » Et, pressé par Clytemnestre, il fait détacher ses san-

---

1. De Ronchaud, *la Tapisserie dans l'antiquité*, p. 5.
2. Semper, *der Styl in den technischen und tektonischen Künsten*, 2ᵉ édit., t. 1ᵉʳ, p. 227.
3. *Iliade*, VI, 287-295.

dales, de peur de gâter ou de salir l'admirable tissu. De nos jours encore, en Orient, les musulmans, fidèles imitateurs d'Agamemnon, retirent leurs chaussures avant de marcher sur les tapis dont sont garnies les mosquées, ou sur ceux étendus dans leurs propres demeures.

A Rome, les tapisseries n'étaient pas moins estimées qu'en Grèce et en Orient. L'usage d'en couvrir les murailles et même les voûtes et les plafonds, leur avait fait donner le surnom de *vestis*[1] (vêtement). L'ensemble de ces tentures montait souvent à des prix excessifs. Métellus Scipion, au temps de Caton, dépensa pour une décoration de ce genre 800,000 sesterces (168,000 francs). Plus tard, une tenture du même genre, si nous en croyons Pline[2], aurait coûté à Néron 4 millions de sesterces, soit près de 850,000 francs.

Nous verrons, dans la seconde partie de ce livre, qu'au Moyen Age, à l'époque de la Renaissance et jusqu'à la fin du siècle dernier, les tapisseries jouirent d'une réputation, d'un prestige, égaux à ceux dont elles avaient joui dans l'Antiquité. Les *Inventaires* de Charles V, de Louis d'Anjou, des ducs d'Orléans et surtout des ducs de Bourgogne, montrent le prix qu'on attachait à ces magnifiques ouvrages, et la gloire que les princes les plus illustres tiraient de leur possession.

Notre intention, on le comprend, n'est pas de parler ici de toutes les étoffes qui ont été comprises sous le nom générique de tapisseries; car, pendant une longue suite de siècles, ce mot a servi à désigner d'une façon générale toute espèce de tentures servant à tapisser un édifice, un appartement, une pièce[3]. La tapisserie dont il sera uniquement question dans ce manuel est le tissu spécial que l'on exécute

---

1. D'où le nom de *vestiarius*, tapissier. Voir Robert Estienne, *Thesaurus linguæ latinæ*, t. IV, p. 537.
2. *Histoire naturelle*, VII, 48.
3. Voir, pour les nombreuses adaptations du mot *tapisserie*, le *Dictionnaire de l'ameublement et de la décoration*, t. IV, col. 1206.

sur le métier de haute lice ou sur celui de basse lice, et qui se distingue, ainsi que le remarque fort judicieusement M. E. Müntz, « des étoffes tissées ou brochées, en ce qu'elle constitue toujours un ouvrage fait à la main, et non au moyen d'un mécanisme répétant à l'infini le même motif ».

Ajoutons que le travail du tapissier l'emporte encore sur celui du tisserand, en ce qu'il ne copie pas mécaniquement le modèle qui lui est fourni, mais l'interprète presque toujours, et souvent le transpose. Ce serait méconnaître la nature et les lois de son art, que d'exiger du tapissier la traduction littérale du carton que le peintre lui livre. A plus forte raison doit-on regarder comme une sorte de contresens de lui demander la reproduction servile d'un tableau qui n'a été ni exécuté ni conçu pour être interprété en tapisserie.

Après avoir décrit aussi clairement et aussi succinctement que possible le travail de la tapisserie de haute lice et de basse lice, nous dirons encore quelques mots de la technique d'un autre genre de tapisserie. Nous voulons parler de celle confectionnée à l'aiguille et sur le canevas.

Peut-être s'étonnera-t-on de voir, sinon confondues, du moins réunies en une même monographie, deux sortes de tissus aussi différentes comme fabrication que la tapisserie de haute ou basse lice et la tapisserie à l'aiguille. Il est à remarquer toutefois que, dans celle-ci comme dans celle-là, tout l'ouvrage est exécuté directement à la main, et que les figures, dessins ou ornements font partie de la trame, étant admis, pour la tapisserie à l'aiguille, que la toile ou le canevas remplit le rôle de chaîne. — Cette particularité a une importance considérable, parce qu'elle fait des tissus ainsi obtenus une œuvre originale. Aussi a-t-elle semblé justifier, aux yeux des écrivains les plus compétents, une appellation commune contre laquelle on serait tenté de protester tout d'abord.

II

LA TAPISSERIE DE HAUTE LICE

Rien n'est moins compliqué, rien n'est plus primitif que l'ensemble des procédés employés dans la fabrication de la tapisserie de haute lice. Tout récemment, à la tribune même du parlement, l'éminent président de la chambre de commerce de Lyon proclamait que la façon de tisser usitée aujourd'hui aux Gobelins ne s'éloigne pas sensiblement de celle que les tapissiers coptes employaient aux premiers siècles de notre ère. Les rares documents antiques, égyptiens ou grecs, qui nous montrent des métiers de tapisserie, confirment, au surplus, l'affirmation de M. Aynard, et la technique pratiquée encore à l'heure actuelle sous la tente arabe, atteste que les peuples pasteurs, comme les nations les plus industrieuses, sont demeurés fidèles à un mode de fabrication qui est, somme toute, presque aussi ancien que notre civilisation.

Le métier de haute lice est formé par deux cylindres de chêne ou de sapin horizontalement disposés, et qui sont placés à deux ou trois mètres environ l'un de l'autre. Ces cylindres, auxquels on donne le nom d'*ensouples,* sont maintenus par de robustes montants en bois de chêne nommés *cotrets,* et disposés de telle façon que les fils qui vont d'une ensouple à l'autre forment un plan exactement vertical. A chacune de leurs extrémités, les ensouples sont munies d'un *tourillon* et d'une *frette* dentée de fer. Les tourillons s'engagent dans des coussinets de bois, qui eux-mêmes sont mobiles et s'élèvent ou s'abaissent en glissant dans des rainures intérieures, de manière à pouvoir donner à la chaîne tendue une longueur convenable.

Cette chaîne — c'est le nom sous lequel on désigne l'ensemble des fils tendus verticalement — s'établit de la façon suivante. On prend autant de fils qu'il est nécessaire, en les choisissant d'une longueur dépassant environ de 1^m,50 celle de la pièce à fabriquer; on les dispose ensuite à distance égale, et de telle sorte qu'il s'en trouve 9 à 10 par chaque centimètre. Puis ces fils sont arrêtés sur une règle de bois appelée *verdillon,* laquelle règle prend place dans une rainure creusée dans la longueur des ensouples.

Lorsqu'on veut tendre la chaîne pour commencer le travail, ou lorsque, au cours de celui-ci, on a besoin d'enrouler ou de dérouler des parties de tapisserie achevée, on fait tourner les ensouples à l'aide de *leviers* (voir fig. 7). Ces leviers, qui peuvent être de fer ou de bois, s'engagent dans des trous de calibre convenable, pratiqués à chacune des extrémités des ensouples. Dès qu'on leur a fait accomplir le nombre d'évolutions nécessaires pour enrouler la partie de la chaîne qui a été travaillée, et celle qui ne doit pas être travaillée immédiatement, on achève de donner le dernier degré de tension à l'aide d'une vis de pression. Cette vis, logée dans l'épaisseur des cotrets, agit sur les coussinets mobiles, les faisant monter ou descendre à volonté. Quant aux ensouples, elles demeurent arrêtées par des déclics, qui s'engagent dans les frettes dentées placées à leurs extrémités.

On voit que le métier de haute lice est d'une simplicité rudimentaire. La chaîne qu'il porte et qui, nous l'avons dit, compte de 9 à 10 fils par centimètre, est toujours faite de fils de laine de première qualité. Vers 1850, aux Gobelins, on essaya de substituer, dans sa confection, le coton à la laine; non pas, comme on l'a dit, dans un but d'économie, mais parce que le coton, moins susceptible d'être attaqué par les insectes, devait, croyait-on, mieux résister aux causes de destruction. Toutefois la trame continuant d'être

en laine, on ne tarda pas à renoncer à cette modification ;
et cela devait être. Chaque fois, en effet, que la trame dis-

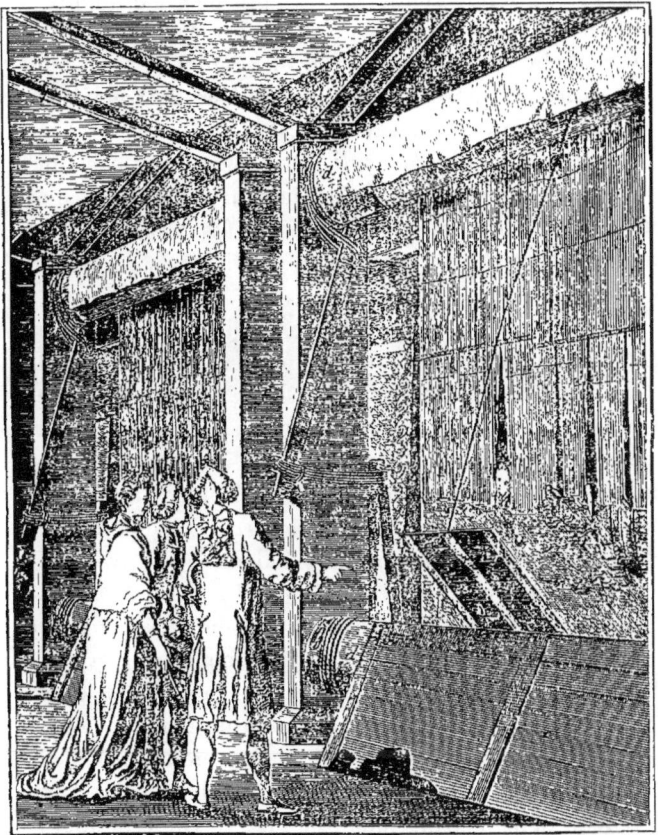

Fig. 6. — Métier de haute lice des Gobelins, d'après une ancienne estampe.
a, la chaîne ; *b*, le travail en cours ; *d, d*, les ensouples ; *f, f*, les cotrets.

paraît sous l'action des vers ou de l'humidité, la chaîne, en
quelque matière qu'elle soit, demeure sans aucune valeur.
Il devient donc bien inutile d'en assurer la conservation.
Sous la Restauration on a fait également des essais de

chaînes de soie. La tapisserie *Zeuxis choisissant un modèle parmi les plus belles filles de la Grèce*, fut exécutée de la sorte. Mais on dut abandonner promptement cette innovation coûteuse et sans portée pratique, car dans la tapisserie de haute lice la trame seule paraît, à l'endroit aussi bien qu'à l'envers. A quoi bon avoir une chaîne de soie, puisqu'elle demeure toujours invisible?

Après avoir expliqué, aussi brièvement que possible, comment on prépare la chaîne, il nous faut indiquer comment, à l'aide d'une trame composée de fils colorés, on va pouvoir représenter sur cette chaîne des images, des paysages, des tableaux.

Une fois la chaîne bien tendue, on divise ses fils en deux nappes distinctes, la première comprenant tous les fils portant des numéros impairs, 1, 3, 5, 7, 9, 11, etc., la seconde tous les fils portant des numéros pairs, 2, 4, 6, 8, 10, etc. On sépare ces deux nappes en introduisant entre elles un tube de verre de $0^m,02$ environ de diamètre, appelé *bâton d'entre-deux* ou de *croisure*. La nappe formée par les numéros impairs prend le nom de *fils d'avant*, les autres sont désignés sous celui de *fils d'arrière*. A chaque fil de la nappe d'arrière est fixée à hauteur de la main une cordelette en forme d'anneau qu'on nomme *lice*, et dont la boucle est passée dans une perche baptisée, à cause de cela, *perche des lices*. C'est à l'aide de ces lices et en les tirant que le tapissier peut ramener en avant les fils d'arrière, et, en introduisant sa broche chargée de laine de couleur dans l'étroit couloir qu'il a ainsi créé, opérer le croisement de la chaîne avec la trame (voir fig. 10).

Pour former le tissu, l'ouvrier saisit, en effet, la broche chargée de laine ou de soie de la couleur qui lui est nécessaire; il arrête l'extrémité du fil de trame sur le fil de chaîne, à gauche de l'espace qui doit être couvert et au point exact où commence la nuance qu'il veut produire; puis, passant la main gauche entre les deux nappes séparées par le *bâ-*

LA TAPISSERIE 11

ton de croisure, il attire à lui les fils que la broche doit recouvrir dans sa première passée. Ces fils étant couverts, il saisit de sa main gauche les lices, force, en tirant sur celles-ci, les fils d'arrière à venir en avant, et, introduisant

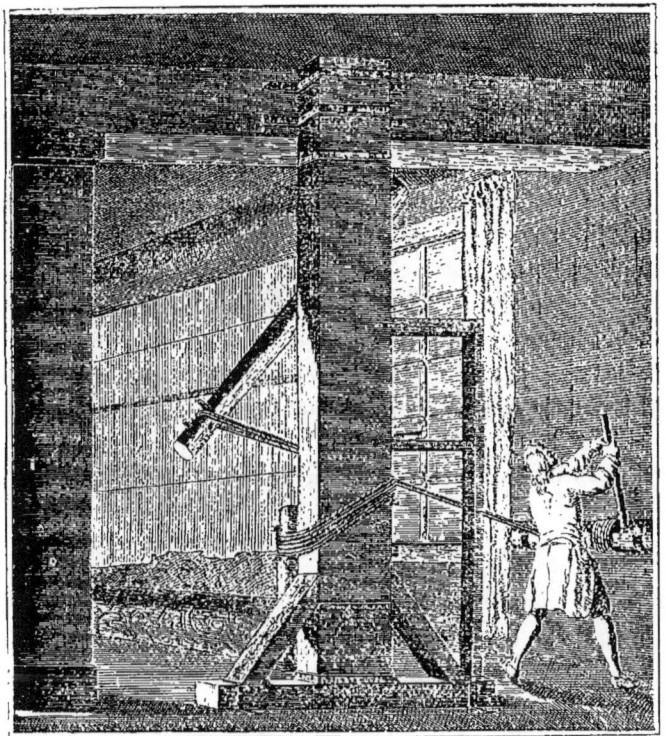

Fig. 7. — Le tapissier tendant sa chaîne, d'après une ancienne estampe.
d, la chaîne ; *h, h,* les ensouples ; *g*, les cotrets.

sa broche dans le nouveau chemin qu'il vient de lui ouvrir, il la fait retourner à son point de départ. Cette allée et cette venue de la broche forment ce qu'on appelle une *duite,* et ces duites répétées successivement les unes au-dessus des autres, suivant l'étendue et les contours de l'espace que doit occuper la nuance dont la broche est chargée, recouvrent complètement les fils de chaîne et les enveloppent absolument dans une boucle complète (fig. 8 et 9).

Lorsque le tapissier a achevé de couvrir l'emplacement avec sa laine ou sa soie colorée, il coupe, arrête et fait perdre à l'envers le fil de sa broche; puis, à l'aide d'une autre broche, il attaque une nuance nouvelle.

Après chaque duite, il se sert de l'extrémité aiguë de

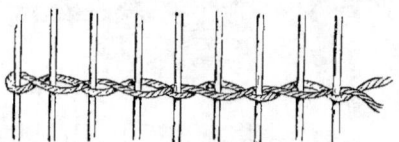

Fig. 8. — *Duite* considérée en élévation.

sa broche pour rapprocher les fils qu'il vient de passer, de la portion de trame déjà exécutée. Toutefois, comme cette légère pression ne suffirait pas pour donner au tissu toute la régularité désirable, l'artiste, lorsqu'il a terminé un certain nombre de duites, achève de les serrer à l'aide

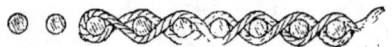

Fig. 9. — *Duite* considérée en coupe.

d'un peigne d'ivoire assez lourd, dont il engage les dents entre les différents fils de la chaîne (fig. 11 à 13).

La longueur des duites — on le comprend — est essentiellement variable. Elle dépend de la nature du dessin représenté et du nombre de nuances qu'il comporte. Dans le rendu des *ciels*, des *terrains*, des *pavements*, qui offrent de grands espaces unis et monochromes, pour accélérer l'ouvrage, on allonge la passée autant que l'étendue desservie par les lices le permet. Mais quand on traite un *visage*, des *sourcils*, des *yeux*, une *bouche*, des *mains*, certaines *fleurs*, des *branchages*, alors la petite dimension des lumières, le peu d'épaisseur des demi-teintes, commandent la longueur des duites, et il arrive souvent qu'une passée ne comprend que deux ou trois fils de chaîne.

Pour rendre l'exécution des grandes tapisseries plus

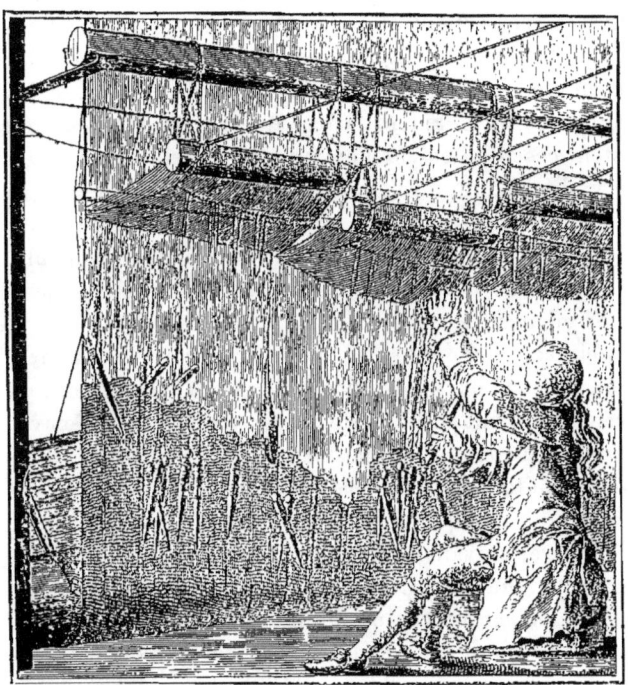

Fig. 10. — Le haute-licier à l'œuvre, d'après une ancienne estampe.
a, la chaîne ; *b*, les ensouples ; *c*, les lices ; *f*, les bâtons de croisure ; *n*, les broches ; *o*, le peigne.

rapide, plusieurs tapissiers travaillent généralement au même panneau, placés les uns à côté des autres; et à mesure que la trame avance, la tapisserie est roulée sur l'ensouple inférieure, de façon que la partie qu'on est en train de tisser reste toujours à peu près à la même hauteur.

Il est impossible, on le voit, de rien imaginer qui soit

théoriquement plus simple, et en apparence plus facile, que cette fabrication de la tapisserie de haute lice; mais c'est justement cette simplicité qui fait l'extrême difficulté de ce bel art, et du tapissier de haute lice un artiste de tout premier mérite.

Les arts proprement dits offrent, en effet, cette particularité que les moyens dont ils disposent et les procédés qu'ils emploient ne sont nullement en rapport avec les merveilles qu'ils enfantent, parce que ces merveilles sont et restent essentiellement l'œuvre personnelle de l'artiste.

Le violoniste, assurément, pour se faire entendre, a besoin d'un violon; mais ce violon, dont le virtuose saura tirer les plus délicieuses mélodies, sera à peine capable, entre les mains d'un musicien de village, de faire danser les filles en mesure.

Le peintre, quel qu'il soit, a besoin, pour exercer sa profession, de couleurs et de brosses; mais la palette dont un maître illustre fait jaillir une succession de chefs-d'œuvre ne servira au peintre en bâtiment, qu'à enfanter péniblement une imitation de marbre ou de bois, un encadrement de lambris ou quelque grossière enseigne.

Le marbre, suivant qu'il sera taillé par un vulgaire praticien ou par un statuaire de premier ordre, prendra une valeur, un aspect, un caractère différents.

Dans ces artistiques professions où, depuis des milliers d'années, la technique n'a pas sensiblement progressé, la qualité de l'œuvre dépend uniquement de la capacité, du talent et, qu'on nous permette le mot, du génie de l'artiste. La Tapisserie, plus que toute autre peut-être, obéit à cette loi.

Pour se guider dans la reproduction de ces compositions admirables et superbement compliquées, de ces tableaux d'histoire à multiples personnages, qui vivent et se meuvent au milieu d'architectures magnifiques ou de paysages grandioses, le tapissier, en effet, n'a qu'un trait léger tracé à la plume sur sa chaîne, et qui lui fournit une mise en place assez sommaire de la scène qu'il doit reproduire. Ce trait, il l'exécute lui-même d'après un calque pris sur le carton ; et pour tout le reste, coloris, modelé, dégradation de tons, etc., c'est à la contemplation assez malaisée de son modèle placé juste au-dessus de sa tête, qu'il a recours. C'est elle

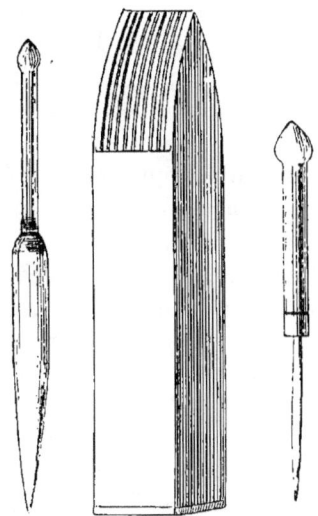

Fig. 11 à 13. — Outils du tapissier haute-licier : broche, peigne, poinçon.

et elle seule qui lui fournira toutes les indications nécessaires pour arriver à une perfection de rendu telle, que parfois la copie surpasse l'original.

Le tapissier, en outre, doit être assez bon dessinateur pour suppléer aux lacunes de dessin que peut présenter le carton livré par le peintre. Le duvet extérieur, cette sorte de feutrage que forme l'épiderme de la tapisserie, donne aux contours une *enveloppe* qui les ferait paraître indécis, *flous,* incertains, s'ils n'étaient arrêtés avec une précision suffisante. Or il arrive souvent que le peintre, par négligence ou par système, surtout par ignorance des exigences de la Tapisserie, n'écrit certaines formes que d'une façon approximative ; parfois même il escamote le contour ou le laisse se noyer dans la masse.

Collaborateur effacé, le tapissier doit compléter sans fracas ce qui manque à l'auteur du modèle. Il doit retrouver les formes et les plans qui sont demeurés indécis, détacher les fleurs et modeler les fruits qui, dans le dessin original, n'apparaissent qu'à l'état de taches. Il donnera, en un mot, aux contours la netteté indispensable, et il aura soin que son dessin, sans jamais paraître sec, reste toujours exact et demeure précieux.

Ajoutons que ce travail complémentaire, il saura l'exécuter en respectant soigneusement l'esprit de son modèle, sans jamais essayer de substituer son sentiment personnel à celui de l'auteur du carton, sans s'écarter surtout du « dessein » qui a présidé à son invention. Alors même qu'il fait acte de virtuosité, le tapissier doit rester, en effet, un interprète consciencieux de la forme, un traducteur de l'idée respectueux et fidèle.

Pour le coloris, le problème à résoudre est peut-être plus difficile encore. Les nuances des laines et des soies que le tapissier met en œuvre, sont singulièrement plus éclatantes que la peinture qu'il a sous les yeux. Elles sont, en outre, infiniment plus fragiles. C'est toute une gamme de tons nouveaux qu'il lui faut moduler, en tenant compte de l'action que le temps exercera sur les diverses couleurs qu'il juxtapose. Le tapissier se voit ainsi forcé de transposer la coloration d'un tableau, comme un musicien transpose la notation d'un air de musique, pour l'accommoder aux qualités de sa voix ou aux exigences d'un instrument.

Enfin, il faut que dans son travail d'interprétation il tienne compte des conditions techniques de la tapisserie, qui sont différentes de celles de la peinture. Il doit dans certains cas substituer le système des hachures à celui des dégradations et, par des associations savantes de fils de couleurs différentes, arriver à produire des demi-tons que la teinture ne saurait donner directement, ou qu'elle lui livrerait trop fragiles.

Et ce qui rend la tâche particulièrement ingrate, c'est que ce travail de transposition, auquel prennent part les quatre ou cinq artistes associés à l'exécution d'un même ouvrage, durera forcément plusieurs années, pendant lesquelles aucun de ces artistes, peut-être, ne verra le panneau dans son ensemble, mais seulement fragmentairement et par morceaux détachés.

Chaque matin, ils reprendront leur tâche au point où ils l'ont laissée la veille, et il faudra attendre l'achèvement complet pour que la tapisserie déroulée révèle aux artistes dont elle est l'ouvrage qu'ils n'ont, au cours de cette suite d'années, commis aucune maladresse ni subi aucune défaillance.

On se figure malaisément ce qu'il faut d'entraînement, d'exercice, de précision dans le souvenir, d'expérience et d'acquis dans le maniement et la combinaison des couleurs, pour atteindre d'une façon courante, normale, et presque sans hésitation, à de pareils résultats. On ne saurait trop admirer, en effet, la patiente ténacité et la singulière mémoire que déploient chaque jour, à chaque heure et sans effort apparent, ceux qui se chargent de mener à bien ces longs et difficiles travaux. Certains d'entre eux deviennent même, avec le temps, tellement maîtres de leurs procédés, qu'ils semblent rechercher les difficultés, les multiplier en quelque sorte, pour avoir la gloire de les résoudre et le mérite de les vaincre.

C'est ainsi qu'en 1810, à une époque, par conséquent, où M. Chevreul n'avait pas encore publié ses beaux travaux sur le contraste simultané des couleurs, le tapissier Deyrolle avait eu l'idée de décomposer les tons qu'il avait à traduire en tapisserie, et de les reproduire par la juxtaposition des couleurs qui entraient dans leur composition. Pour obtenir un vert, par exemple, il juxtaposait un jaune et un bleu ; le rapprochement de fils rouges et jaunes donnait la sensation d'une nuance orange, et pour avoir certains gris on associait un vert à un rose, etc.

Ces unions préméditées, ces rapprochements, ces mariages, qui s'opéraient par tâtonnements, présentaient de réels inconvénients. Ils communiquaient à la tapisserie, quand on la considérait de près, un aspect strié de rayures, qui ne disparaissaient qu'à une distance assez grande. En outre, la plupart des couleurs ainsi associées ne présentaient pas la même résistance à l'action de la lumière et du temps, en sorte que lorsqu'une des duites superposées venait à baisser plus vite que sa voisine, l'accord se trouvait rompu, et la tapissserie risquait de prendre les colorations les plus singulières et les plus discordantes.

Le procédé de Deyrolle, malgré ses inconvénients, se généralisa petit à petit aux Gobelins, et c'est seulement depuis quelques années qu'on l'a abandonné d'une façon définitive. Mais même en ne cherchant pas les difficultés inutiles, en se bornant à l'exécution franche des tons indiqués par le modèle, aucune profession n'offre, dans la pratique, plus de difficultés que celle des tapissiers de haute lice. Aucune ne réclame, en outre, avec une éducation artistique très solide, une plus grande somme de qualités personnelles, nous dirons presque de vertus.

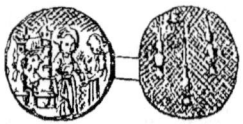

Fig. 14. — Méreau en plomb de la Communauté des tapissiers.

III

LA TAPISSERIE DE BASSE LICE

La basse lice, quant à la qualité et à la nature du travail qu'elle produit, ne donne pas des résultats sensiblement différents de ceux de la haute lice. Une fois l'ouvrage achevé, les connaisseurs les mieux renseignés, les experts les plus compétents, ne sauraient dire exactement et en se basant sur des observations irréfutables, par quel procédé la tapisserie a été exécutée et sur quelle sorte de métiers elle a été tissée. Si bien que, n'étaient les noms qu'on rencontre au bas des tapisseries anciennes des Gobelins, et la connaissance que nous avons de la façon dont travaillaient les entrepreneurs qui les ont signées, il serait le plus souvent impossible de déterminer, à l'inspection du tissu, si ces pièces ont été fabriquées à la haute ou à la basse lice.

Cette similitude, au surplus, s'explique par ce fait que le mode de fabrication dans les deux cas est à peu près le même. La seule particularité qui distingue les deux procédés, réside dans une différence de main-d'œuvre, qui ne saurait exercer une influence sensible sur l'aspect et la valeur du travail.

Le métier sur lequel les tapissiers de basse lice ont exécuté tant de chefs-d'œuvre admirables, se rapproche assez de celui des tisserands. Les principales pièces qui le composent sont les *raines*, les *ensouples*, les *tréteaux* ou *soutiens*, les *arcs-boutants*, le *clou* et le *wich*. On donne le nom de raines à deux fortes pièces de bois, disposées horizontalement et qui forment les côtés du métier. Ce sont elles qui portent les ensouples ; et, pour qu'elles présentent toute la résistance nécessaire, non seulement on a soin de les disposer sur de robustes tréteaux, mais on les maintient, en outre, avec de solides arcs-boutants, de telle façon que trois, quatre et même cinq ouvriers — suivant la largeur de la pièce qu'on exécute — peuvent s'appuyer sur l'*ensouple de devant* et travailler à la fois, sans que le métier bascule ou fléchisse.

Les ensouples, que les deux raines portent à leurs extrémités, consistent, comme dans les métiers de haute lice, en de forts rouleaux qu'on serre à l'aide d'une cheville de fer ou de bois appelée le *clou*, et dans la longueur desquelles on a pratiqué une rainure où vient s'engager une perche de bois analogue au *verdillon*, et qu'on nomme le *wich*. C'est à ces *wichs* que sont arrêtées les deux extrémités de la chaîne, et l'on enroule cette dernière sur celle des ensouples qui est la plus éloignée du basse-licier, et qu'à cause de cela on appelle *ensouple de derrière*, alors que sur l'*ensouple de devant* l'ouvrage est enroulé à mesure qu'il avance.

Indépendamment de ces membres principaux, le métier de basse lice est muni d'un certain nombre de pièces qui aident à son fonctionnement. Ce sont la *camperche*, les *sautereaux*, les *lices*, les *marches*, les *lames*, etc. La camperche est une barre de bois transversale qui, portée par deux montants verticaux placés presque au milieu du métier, va d'une raine à l'autre et soutient les sautereaux à l'aide de poulies. Les sautereaux consistent en de petites lames de bois suspendues par leur milieu, et dont la forme et la position présentent une certaine analogie avec le fléau d'une balance. A ces sautereaux sont attachées les cordes qui portent les bâtons de lames ou de lices. Ces bâtons eux-mêmes sont reliés à deux marches placées sous le métier, et auxquelles le tapissier imprime, avec ses pieds, un mouvement de va-et-vient faisant ainsi monter ou descendre à volonté les deux nappes de la chaîne, qui, comme dans le travail de la haute lice, ont été préalablement séparées.

C'est de cette dernière disposition caractéristique que le métier, dont nous donnons ici une description rapide, tire son nom. Dans le travail de la haute lice, le tapissier est

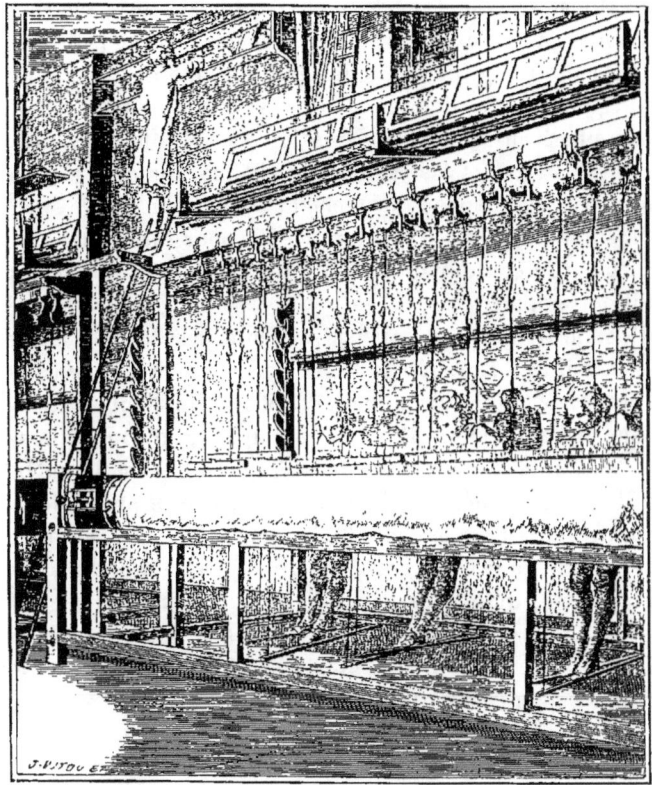

Fig. 15. — Le métier de basse lice (forme ancienne).

obligé de porter sa main au-dessus de sa tête pour tirer à lui les lices qui déplacent les nappes de la chaîne (voir fig. 10). Dans celui de la basse lice, c'est avec ses pieds appuyant alternativement sur les marches, qu'il transmet aux lices placées au-dessous de lui ce même mouvement. L'avantage que présente cette différence de mécanisme est facile à saisir. Opérant le déplacement des nappes avec ses pieds, le basse-licier se trouve avoir les deux mains libres, et peut de la sorte faire avancer plus rapidement sa besogne. On estime, en effet, que le métier de basse lice permet, à habileté égale, d'exécuter, dans le même espace de temps, un tiers d'ouvrage de plus que celui de haute lice. Un autre avantage du métier de basse lice, c'est que le modèle, au lieu d'être placé au-dessus du tapissier (ce qui oblige celui-ci à relever la tête et à se retourner chaque fois qu'il le veut consulter), est disposé directement sous la chaîne; en sorte qu'il suffit à l'artiste d'écarter ses fils pour distinguer non seulement le contour qu'il doit reproduire, mais la couleur qu'il doit copier.

Pour le reste, le travail ne présente pas de différences très sensibles. Lorsque le basse-licier se met à l'œuvre, il se place sur le devant du métier, assis sur un petit escabeau ou sur un banc de bois, l'estomac appuyé sur un coussin posé sur l'ensouple. Séparant avec les doigts de la main gauche les fils de la chaîne, afin de voir son modèle, il prend de sa main droite la broche chargée de laine ou de soie, assortie à la couleur qu'il veut reproduire; il la passe entre les fils de la chaîne, qu'il hausse et baisse au moyen des lames et des lices que ses pieds font mouvoir. Il exécute ses *duites* tout comme le haute-licier, et, comme lui, il frappe avec le peigne chaque *passée* qu'il achève.

Le métier que nous venons de décrire sommairement est le métier ancien, le métier primitif (fig. 15). Bien qu'il ait permis en Flandre, aux Gobelins, à Beauvais, de tisser d'indiscutables chefs-d'œuvre, il ne laisse pas, toutefois, que de présenter un certain nombre de défauts. Un des plus marquants est que le tissu, bien qu'exécuté à l'envers, comme dans la haute lice, est calqué en quelque sorte sur un modèle qui, lui, est contemplé à l'endroit. Il en résulte

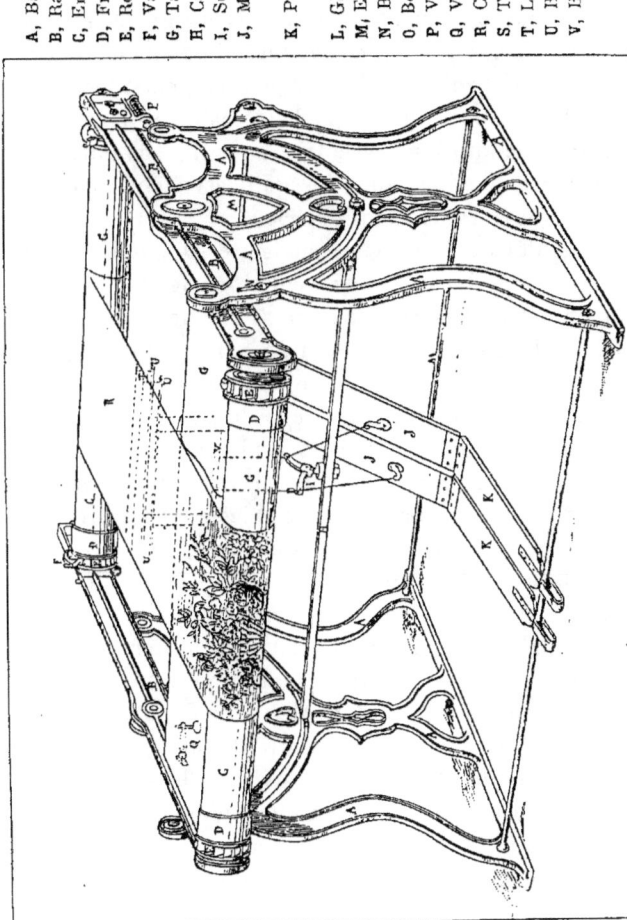

A, Bâti en fonte remplaçant les tréteaux.
B, Raines en fonte.
C, Ensouples.
D, Frettes en fer.
E, Rochets en fer.
F, Valets des rochets.
G, Tablette en bois.
H, Camperche.
I, Support des sautereaux.
J, Marches en bois reliées aux pédales par des charnières.
K, Pédales en bois, reliées aux marches par des charnières.
L, Glissières.
M, Entretoises.
N, Boulon de coulisse pour bascule.
O, Boîte à coulisse.
P, Vis de tension.
Q, Vis de réglage d'inclinaison de tablette.
R, Chaîne.
S, Trame : tissu en tapisserie.
T, Lames en fil bis.
U, Bâtons de lames.
V, Bâtons de passes.

Fig. 16. — Le métier de basse lice perfectionné.

que le dessin se trouve renversé. Quand il s'agit d'ornements, de rinceaux, de bouquets, de guirlandes, ce renversement n'offre pas de grands inconvénients; mais lorsque ce sont des personnages, des scènes ou des compositions comportant des inscriptions, il faut que le carton soit spécialement dessiné en vue de cette transposition de gauche à droite.

Pour remédier à cette défectuosité, un illustre tapissier, Neilson, imagina, au siècle dernier, de substituer au modèle peint, un calque également placé sous la chaîne, mais tracé en sens contraire, en sorte que le tapissier, quant au contour, se trouvait guidé par ce calque, et pour le coloris par le modèle disposé au-dessus de la chaîne et devant ses yeux. Cette amélioration présentait, en outre, l'avantage de sauvegarder le modèle, qui, lorsqu'il est étendu sous la chaîne, se trouve rapidement détérioré.

Un autre défaut de l'ancien métier, c'est que le basse-licier travaillant, comme nous venons de le dire, à l'envers, et ne pouvant faire le tour de sa chaîne, ni se placer entre elle et le modèle qui lui sert de guide, ne peut guère contrôler son travail. Le célèbre Vaucanson, auquel on avait signalé cet inconvénient, allégea le métier et en combina l'ossature de façon à faire basculer les raines à volonté et à permettre ainsi au tapissier de contempler son ouvrage à l'endroit. Enfin on a, en ce siècle, construit pour la manufacture de Beauvais un métier léger, gracieux, dont le bâti en fonte réalise un certain nombre d'améliorations vivement désirées. Ses raines peuvent basculer à volonté et laisser voir le tissu à son endroit. Ses sautereaux sont réduits à leur plus simple expression; il présente une élégance et une simplicité indiscutables (voir fig. 16).

Il semble que ces améliorations peu coûteuses, somme toute, auraient dû être adoptées avec enthousiasme par l'industrie privée. Il n'en a rien été. Puissance de la routine, à Aubusson et à Felletin, c'est encore l'ancien métier grossier et primitif qui est d'un constant usage.

IV

LA RENTRAITURE

Il est bien rare, nous l'avons dit, qu'un panneau de tapisserie un peu vaste soit exécuté par un seul artiste. Généralement, pour hâter la marche du travail on réunit sur chaque pièce un nombre d'ouvriers proportionné à l'étendue de cette pièce. Cette pratique a été usitée de tout temps. Ainsi, pour ne citer qu'un exemple, quand, le 20 février 1549, Guillaume Pannemacker se chargea par traité de fabriquer, pour l'empereur Charles-Quint, les douze panneaux où se trouvait représentée la *Fameuse Conquête du royaume de Thunes,* ce tapissier illustre prit l'engagement d'occuper sans interruption, et jusqu'à terminaison de l'ouvrage, sept ouvriers à chacune des pièces, soit quatre-vingt-quatre sur l'ensemble de cette tenture historique. Ajoutons que cette collaboration peut seule expliquer comment les tapissiers du Moyen Age et de la Renaissance arrivaient à tisser des tentures considérables, en un temps relativement très court.

Mais alors même que l'on ne serait point décidé à hâter autant que possible le tissage de vastes panneaux, on serait encore obligé de réunir sur un même métier plusieurs artistes, à cause de l'inégale difficulté que présente l'exécution des diverses parties. Il est clair que la reproduction des *carnations* (visages, mains, pieds, etc.) exige un savoir, une connaissance du dessin, une sûreté de main, un acquis, que ne réclament ni les *accessoires,* ni les *draperies,* ni les *verdures,* ni la *nature morte* (vases, fruits, feuillages, etc.); à plus forte raison en est-il de même pour les grandes parties de remplissage (ciels, terrains, nuages, etc.), qui ne comportent pas une forme sévèrement déterminée et un modelé très précis. Il est donc naturel que le chef d'atelier proportionne le travail qu'il demande, à l'habileté et à l'expérience de chacun des artistes placés sous ses ordres, n'employant aux carnations et aux parties délicates que les tapissiers tout à fait maîtres de leur art, et réservant les accessoires, les draperies et surtout les remplissages, pour les compagnons moins instruits, les débutants, les apprentis, etc.

C'est pour lui, en effet, le seul moyen d'obtenir des tapisseries tissées avec une perfection suffisante, à des prix relativement abordables, parce que le salaire attribué à chaque artiste est naturellement proportionné à son talent. Ainsi le *chef de tête* (c'est le nom qu'on donnait autrefois aux tapissiers assez habiles pour exécuter convenablement les carnations) recevait, dans les anciennes manufactures, des appointements doubles et même triples de ceux accordés aux ouvriers capables seulement de mener à bien les feuillages, les fleurs, les fruits, les guirlandes, etc.

On comprend après cela que plusieurs tapissiers, travaillant côte à côte à la même pièce, n'avancent pas leur ouvrage d'une façon absolument égale. Il en est qui, plus exercés, vont plus vite. D'autres marchent plus lentement, parce que les parties dont ils sont chargés sont plus délicates et plus difficiles. Le tissage, au lieu de progresser régulièrement en suivant une ligne absolument horizontale, présente au contraire une succession de lignes brisées formées par des parties qui s'élèvent et dépassent les autres et qu'on appelle *enlevages,* et par des parties qui demeurent en retard. Aussi, quand les vides laissés par les fragments tardivement achevés sont comblés, existe-t-il une solution de continuité entre les différentes parties exécutées. Ces solutions de continuité sont appelées des *relais.*

Les *relais* ne sont pas seulement occasionnés par la présence de plusieurs tapissiers occupés sur une même pièce ; ils résultent encore des changements de couleur. En fournissant à l'artiste la possibilité de suivre le contour de la figure qu'il tisse, ils lui permettent de se rendre mieux compte de la marche de son travail. Enfin il arrive souvent, lorsqu'une pièce se compose de parties distinctes, que l'on tisse ces différentes parties sur des métiers séparés. Il n'est pas rare, par exemple, qu'une bordure ne soit pas tissée sur le même métier que le panneau qu'elle doit encadrer. Eh bien ! on remédie à toutes ces solutions de continuité par des coutures appelées *coutures de rentraiture,* et qui sont exécutées à l'aide d'un point spécial.

Les rentrayeurs, à qui ce travail est exclusivement confié, ont encore dans les grands ateliers une autre mission au moins aussi intéressante à remplir : celle de restaurer les anciennes tapisseries et de les transformer quand il est nécessaire, c'est-à-dire de les proportionner à la place qu'elles doivent occuper.

Le travail de restauration ou de réparation que le *Nouveau Recueil des statuts et règlements du Corps et Communauté des tapissiers,* publié en 1756, définit de la façon suivante : « Cet art consiste à remettre dans leur premier état les tapisseries et tapis, que les ans ou quelque accident ont en partie rompus et décolorés ; » ce travail, disons-nous, est toujours fort long ; il est, en outre, dans maintes circonstances, extrêmement délicat : « Il a été fait et il se fait encore des chefs-d'œuvre de cet art comme de celui de la haute lice proprement dite, ajoute le recueil que nous citons. Quelquefois on coupe dans la même pièce de tapisserie un ou plusieurs morceaux considérables, parce qu'ils sont défectueux ou qu'ils déplaisent, et on les refait autrement ; quelquefois même on y substitue des choses très différentes de celles qu'on a ôtées, sans que l'on puisse ensuite retrouver les endroits où l'on a travaillé. On a vu des portraits de personnes vivantes emportés en tout ou en partie dans des tapisseries neuves, et refaits à l'aiguille avec tant d'art et de justesse qu'on les y reconnaissoit comme auparavant. On a vu de grands morceaux de tapis de Savonnerie et autres à fond d'or ou de soie, d'autres seulement rehaussés d'or, dévorés par les flammes ou par des animaux destructeurs, si parfaitement rétablis en leur premier état, que le velours, les fleurs, les fruits, les animaux ni les ornements ne différoient en rien de ceux du corps de la pièce. »

Lorsqu'il s'agit de reconstituer un fragment détruit, le rentrayeur procède de la façon suivante. Il commence par rétablir le *chaînage,* c'est-à-dire qu'il prend des fils de chaîne neufs et qu'il les attache aux anciens de manière qu'ils demeurent tendus. Puis, à l'aide d'une aiguille qui, dans sa main, remplace la broche maniée par le tapissier, il refait entièrement la trame en entourant le fil de chaîne avec les fils de laine ou de soie que porte son aiguille. Parfois, quand le fragment détérioré est d'une certaine dimension, on le refait à nouveau sur le métier, et alors la mission du rentrayeur se borne à intercaler la pièce dans la partie demeurée vide, à l'aide de coutures et de raccords exécutés avec un soin particulier.

Cette partie de la profession, qui paraît secondaire, exige chez ceux qui la pratiquent des qualités toutes spéciales et une érudition particulière. « Pour mener à bonne fin de semblables ouvrages, écrit M. Gerspach [1], il est nécessaire au rentrayeur d'être patient et consciencieux, de bien connaître les styles et la technique des diverses époques de fabrication, de voir juste et de savoir dessiner ; si l'on trouve dans la tapisserie des motifs à peu près semblables à ceux qu'on doit refaire, la rentraiture est relativement aisée ; mais lorsqu'il faut reconstituer sans modèle, en n'ayant d'autre guide que le caractère général de l'ouvrage, l'opération devient très délicate et exige de véritables qualités d'artiste. »

1. *La Manufacture nationale des Gobelins,* p. 126.

Hâtons-nous d'ajouter que les rentrayeurs ont toujours joui — et surtout à l'époque où la fabrication des tapisseries était extrêmement prospère — d'une estime exceptionnelle, et que les noms d'un certain nombre d'entre eux nous ont été conservés, à l'égal des tapissiers les plus fameux. C'est ainsi que Jean de Jandoigne, qui de 1388 à 1415 réparait les tentures de la Couronne, acquit dans son art une véritable célébrité. A côté de lui on cite Guillaume Dumonstier ou Dumoustier et Jean de la Chapelle, dit de Paris, dont les nombreux travaux attestent qu'ils n'exerçaient pas une sinécure [1]. A la cour de Bourgogne, vers le même temps se trouvaient trois rentrayeurs, Jehan Heuchin, Oudart et Geffroy, qui touchaient chacun 60 livres d'appointements annuels et qui étaient habillés par le duc. Il ne faut pas oublier non plus Colart d'Inchy, qui, établi d'abord à Arras, ensuite à Hesdin, était cité pour son habileté à modifier, réduire ou agrandir les plus belles tapisseries. En 1398 Philippe le Hardi lui alloua 120 livres (somme considérable pour le temps) pour enlever d'une tapisserie représentant les *Douze Pairs de France* l'image du comte de Flandre, qu'il trouvait trop simplement et trop modestement parée, et pour la remplacer par une autre plus somptueuse [2]. En 1403 Colart d'Inchy transforma en vingt-deux pièces les cinq pièces intitulées la *Reine de Flandre*, le *Roi Arthus*, le *Miroir de Rome*, le *Doon de Mayence* et le *Judas Machabée*. Trois pièces de la tenture représentant la *Bataille de Rosebecque* furent augmentées par lui avec tant d'habileté, qu'on ne pouvait distinguer les parties rajoutées des autres. « Il fit ralonguer chascun d'iceulx d'une ausne d'Arras à chacun bout et l'œuvre d'arborerie semblable à celle des dessins desdits tapis faits par telle manière, que l'on ne pouvoit apercevoir qu'ils fussent oncques ralongués, et sembloit chacun tapis avoir esté faict comme par lui dès le commencement. »

1. J. Guiffrey, *Histoire de la tapisserie*, p. 46.
2. *Les Tapisseries françaises ; notes d'un curieux*, p. 19.

Cette tapisserie de la *Bataille de Rosebecque* eut, au surplus, des destinées singulières. Elle fut d'abord tissée en une seule pièce, puis, quinze ans après son achèvement (1402), Philippe le Hardi la fit diviser en trois morceaux qui, plus tard, furent encore partagés en deux, car, dans l'*Inventaire de Charles-Quint* dressé en 1536, elle est décrite comme se composant de six pièces. Ajoutons que ces multiplications et ces transformations ont été toujours pratiquées, et, jusqu'en ces derniers temps, avec plus ou moins d'opportunité et de bonheur.

Au xviie siècle, quand Louis XIV se fut adonné d'une façon complète à la dévotion, Mme de Maintenon fit recouvrir de draperies les corps des jolis Amours qui voltigent dans la pièce représentant le *Mariage d'Alexandre et de Campaspe,* qu'on peut voir aujourd'hui encore au musée des Gobelins. La nudité de ces charmants Amours offusquait, paraît-il, l'humeur chaste du Grand Roi. En 1815, quand Napoléon eut pris le chemin de l'île d'Elbe, l'atelier de rentraiture des Gobelins reçut l'ordre de substituer partout les armes de Louis XVIII au chiffre de l'Empereur, et de remplacer les abeilles par des lis.

On voit, par ce rapide aperçu, que les ouvrages confiés aux rentrayeurs ne sont à dédaigner ni comme difficulté d'exécution ni comme importance.

Mais nous n'avons, jusqu'à présent, parlé que du remplacement des parties détruites. Le rentrayeur a encore dans ses attributions la mission de faire *revivre* les couleurs des tapisseries enfumées ou déteintes. Le recueil si précieux, si curieux, que nous citons à l'instant[1], célèbre ce genre de travail avec une allure poétique, qu'on ne s'attendait guère à rencontrer dans un manuel de ce genre. « Les rentrayeurs, dit-il, redonnent pour ainsi dire une nouvelle

---

1. *Nouveau Recueil des statuts et règlements du Corps et Communauté des tapissiers;* Paris, 1756.

vie à des têtes ou autres carnations d'hommes, de femmes et d'enfants devenus semblables à des esquisses tracées sur le papier ; les fleurs et les fruits entièrement décolorés retrouvent leur premier éclat entre leurs mains ; les animaux et les plantes sortent de la terre, avec laquelle ils étaient confondus ; des arbres morts annoncent un nouveau printemps ; les oiseaux paraissent sur leur cime et dans le ciel ; les eaux semblent jaillir et couler naturellement ; les vues et les lointains se détachent de l'horizon, dans lequel ils avaient disparu. »

Cette résurrection s'obtient de deux façons. En premier lieu on procède à une sorte de lessivage très délicat qu'on nomme le *déroussi,* qui consiste à ôter, avec beaucoup de précaution, tout ce que la poussière grasse des appartements, les vapeurs, la fumée, ont attaché de saletés à la surface extérieure de la pièce. Ce déroussi s'exécute de façons différentes, suivant la nature du *roux* que l'on veut faire disparaître, mais surtout par des lavages successifs. Souvent il suffit à rendre à la couleur une partie de son éclat primitif, et les tapisseries ainsi nettoyées se présentent avec une franchise de tons suffisante.

Mais en dehors de cette poussière, de cette fumée, de ces vapeurs qui ternissent ces beaux tissus, il y a encore l'action lente de la lumière et du temps qui, désagrégeant progressivement les éléments constitutifs des matières colorantes, les éteint peu à peu, les *mange,* suivant l'expression imagée dont on se sert couramment. Pour parer à ce dernier inconvénient, deux moyens sont employés, dont l'un est absolument néfaste.

Ce premier moyen consiste à gratter les laines déteintes, à enlever la partie extérieure du point de fabrique, et, sous la *jarre* qui forme autour du brin une sorte de duvet feutrant, à retrouver le cœur du fil, qui, n'ayant pas subi directement les atteintes de l'air et de la lumière, a conservé une couleur plus vive.

Le second moyen consiste à repeindre à l'aide de couleurs liquides, délicatement appliquées, les parties par trop déteintes, et à rendre moins choquants, grâce à cette adjonction, les contrastes entre ces parties et celles qui ont gardé à peu près leur fraîcheur.

On comprendra que nous n'entrions pas dans le détail de ces opérations, qui reposent le plus souvent sur des formules empiriques, ou résident dans des tours de main plus ou moins heureux. Le but de notre étude n'est pas de former des rentrayeurs. Nous nous bornerons à remarquer que si le grattage du point de fabrique, qui enlève l'épiderme de la laine, est toujours dangereux et amène à courte échéance la perte du tissu ainsi réparé, le *potomage*, c'est-à-dire l'application de couleurs après coup, ne laisse pas que de présenter de son côté des inconvénients assez graves. Pour faire tenir cette couleur, pour la fixer, on a généralement recours à un *mordant* à base alcaline d'une certaine vigueur, qui, appliqué sur des laines fatiguées, les altère et les désagrège.

C'est ce qui explique les préventions qui, de tout temps, ont existé contre ces restaurations de tapisserie, et que le *Recueil des Statuts* cité plus haut constate, en leur attribuant pour cause « la mauvaise foi de quelques gens ignorans et intéressés, toujours hardis à se vanter de savoir ce qu'ils n'ont pas appris ». Ces mêmes préventions, au surplus, se manifestent dès le xvie siècle contre l'habitude qu'avaient contractée un grand nombre de tapissiers d'aviver après coup certaines teintes de leurs tapisseries neuves, ou de ménager, par l'adjonction de couleurs rompues, des dégradations entre des tons juxtaposés, et d'accentuer ainsi le modelé des figures.

Dans l'*Édit* de Charles-Quint rendu le 26 mai 1544[1],

---

[1]. Édit qui a été considéré avec raison comme la loi de la tapisserie flamande dans les temps modernes. — Guiffrey, *Histoire de la tapisserie*, p. 172 et suiv.

ces pratiques se trouvent condamnées. De même presque tous les règlements et statuts des Communautés françaises édictés au xvie et au xviie siècle, interdisent l'usage de ces adjonctions de couleurs, ou tout au moins en limitent l'emploi. Enfin dans nombre de marchés, contrats, actes de ventes, etc[1]., il est stipulé que les couleurs seront teintes en laine avant d'être tissées, et non pas, qu'on nous permette le mot, « maquillées » après coup.

Aujourd'hui, grâce à ce que, industriellement parlant, on est convenu d'appeler les progrès de la chimie, ces retouches ne sont plus seulement dangereuses; le plus souvent elles sont inefficaces. Il arrive trop fréquemment, en effet, que pour faire revivre les nuances effacées des tapisseries, on a recours à des couleurs minérales qui ne sont d'aucune durée, et constituent ce qu'on a pittoresquement nommé « un déjeuner de soleil ». Or, comme le dit fort bien M. Gerspach[2], « c'est en vain que les réparateurs essayent de faire croire qu'ils ont, en dehors des lavages et des nettoyages, les moyens de rendre aux laines et aux soies leurs couleurs primitives;.. les réparateurs se contentent de repeindre tout simplement les vieilles tapisseries, et, pour mieux faire prendre la couleur, ils *flambent* parfois le tissu, et enlèvent ainsi la jarre qui peut présenter un obstacle à la pénétration du liquide ».

Nous ajouterons que dans l'exécution des parties qu'ils retissent, les rentrayeurs sont quelquefois tout aussi peu consciencieux ou tout aussi mal outillés. Pour économiser quelques centimes sur la teinture de la laine qui, une fois travaillée, représentera une valeur de deux ou trois cents francs le kilogramme, ils recourent à ces couleurs minérales dont l'introduction dans la teinture des textiles équivaut, pour notre fabrication d'étoffes d'ameublement, à un véritable désastre.

1. Voir notamment *Dictionnaire de l'ameublement*, t. IV, col. 1225.
2. *Les Gobelins,* p. 134.

V

LES TAPISSERIES DE HAUTE LAINE,
DITES DE LA SAVONNERIE

Si l'on était désireux de se convaincre du peu de modifications que toute une succession de siècles ont apporté dans la technique de la tapisserie, il suffirait de lire attentivement la curieuse plaquette que Pierre du Pont, fondateur de la manufacture de tapisserie dite de la *Savonnerie,* publia en 1632[1]. On trouve, en effet, dans ce petit traité une description fidèle des ateliers, des métiers, des outils, de la main-d'œuvre alors usitée, et qui ressemblent tellement à ce que nous voyons aujourd'hui, que, n'étaient certaines prescriptions dévotes qui ont cessé d'être de mise dans ce genre d'ouvrages, et le style très caractéristique de l'auteur, on pourrait croire que la *Stromatourgie* est de date récente.

Rien n'est oublié, du reste, par le soigneux Pierre du Pont dans la description qu'il donne de sa manufacture idéale; pas même le lieu où elle doit s'élever, qui doit être choisi « proche de l'eau », pour pouvoir procéder au lavage des laines et à leur teinture, et loin des « esgouts, l'infection desquels n'apporteroit pas seulement les dangereuses maladies aux habitants dudit lieu, mais empescheroit d'y pouvoir travailler en or et argent, d'autant que ces deux métaux noircissent estrangement dans un mauvois air, et les laines et soyes y ternissent ».

Après avoir établi dans cette localité choisie des ateliers vastes et spacieux, du Pont s'occupe du personnel. Aucun détail ne lui échappe, pas même dans le costume. Il pros-

---

1. *La Stromatourgie, ou de l'excellence de la manufacture des tapits dits de Turquie nouvellement establie en France*; Paris, 1632.

crit le chapeau qui, de son temps, était muni de larges bords et portait ombre sur le métier. Il énumère, sans en omettre aucun, les outils nécessaires, les broches de buis ou d'ébène, une aune exactement divisée en pouces et

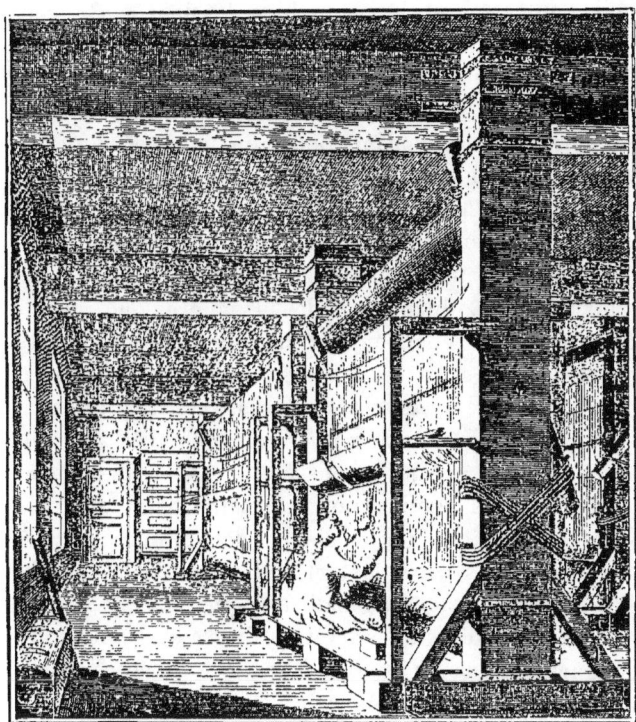

Fig. 17. — Le tapissier de la Savonnerie à son métier. — *d*, la chaine ; *b*, le modèle ; *h*, les ensouples ; *g*, les cotrets.

lignes « pour pouvoir mesurer sa besogne au iuste », un peigne, un tranchefil et des ciseaux « qui soient pendus à sa ceinture, affin qu'ils ne puissent tomber à terre et qu'ils ne se rompent en tombant ». Le parfait artisan doit, en outre, être « propre et net de sa personne, habile et diligent pour son ouvrage ». Il lui faut surtout être recueilli, silencieux, « car il est impossible de songer à deviser et à son œuvre, et ne faut qu'oublier un poinct pour corrompre la proportion de quelque compartiment ou d'une fleur ». Mais la chose à ses yeux la plus essentielle, celle qui prime toutes les autres, c'est de savoir bien dessiner. « Quiconque, écrit-il, voudra estre bon ouvrier, il est besoin qu'il sçache la pourtraiture et la peinture à destrempe... affin qu'il sache faire luy-mesme ses patrons et desseins... »

Ces dernières recommandations, qui n'ont rien perdu de leur opportunité, étaient d'autant plus essentielles au temps où écrivait Pierre du Pont, que l'on ne décalquait point alors le dessin sur la chaîne, comme cela a lieu dans la tapisserie de haute lice. On se bornait à une sorte de mise aux carreaux, obtenue par des fils colorés qui, mélangés à la chaîne, se répétaient à intervalles égaux, et par des lignes horizontales tracées à l'encre ou à la pierre noire.

A leur rencontre avec les fils colorés, ces traits horizontaux formaient une suite de carrés correspondant à des divisions analogues préalablement indiquées sur le modèle. Aujourd'hui, sans avoir renoncé à cette distribution de l'espace, on applique sur la chaîne des calques partiels portant les mêmes divisions, et qui s'ajustent au dessin général avec une exactitude mathématique.

Ces premiers points bien arrêtés, Pierre du Pont explique longuement la façon dont on dispose le métier. Nous ne le suivrons pas dans le laborieux détail de cette explication. Le métier du tapissier de haute laine se monte comme celui du haute-licier, dont il a presque la forme. La seule différence essentielle qu'on remarque entre eux, consiste dans la position des lices mettant en mouvement les nappes de chaîne, qui sont placées en avant, au-dessus de la tête du tapissier ; car celui-ci *voit* l'endroit de son travail et non l'envers, comme cela arrive pour le tapissier de haute et basse lice.

LA TAPISSERIE   37

Quant aux outils actuellement en usage, ils sont les mêmes que ceux énumérés par Pierre du Pont : 1° les broches sur lesquelles s'enroulent les laines colorées qui doivent fournir la trame et former le velours ; 2° le tranchefil, tige de fer ronde, armée à l'une de ses extrémités d'une lame tran-

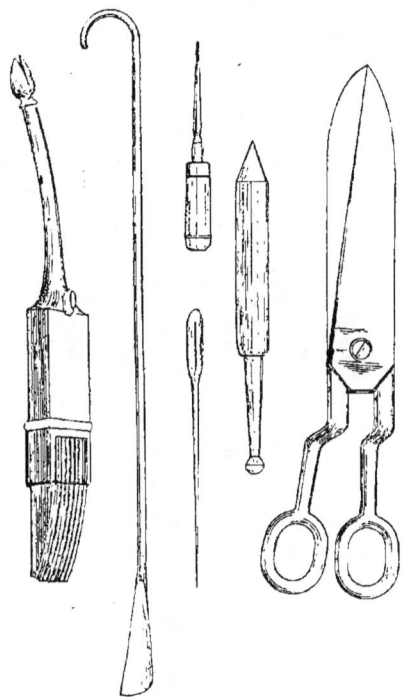

Fig. 18 à 23. — Outils du tapissier de la *Savonnerie :* peigne, tranchefil, aiguilles à presser, broche, ciseaux coudés.

chante ; 3° l'aiguille à presser, qui ressemble assez à un poinçon ; 4° le peigne pour tasser le tissu, qui est en fer ; et 5° les ciseaux coudés, qui servent à égaliser le poil du velours.

La chaîne étant tendue verticalement, l'ouvrier commence par exécuter dans le bas une lisière unie, dont le tissu est le même que celui de la tapisserie ordinaire. Cette lisière achevée, le tapissier, pour exécuter le point qui lui fournira son velours, choisit une broche chargée de laine de couleur convenable, saisit de la main gauche le fil de chaîne

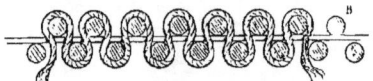

Fig. 24.

sur lequel il doit débuter, l'attire à lui et fait passer derrière lui la broche qu'il tient de la main droite (voir fig. 24). Puis, à l'aide de la lice, il fait avancer le fil de chaîne suivant, enveloppe ce fil d'un nœud coulant; qu'il serre, s'ar-

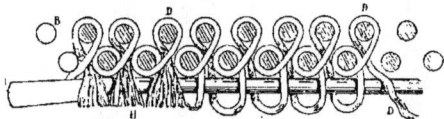

Fig. 25.

rangeant de façon que la laine, entre ces deux passées, s'enroulant sur le tranchefil placé horizontalement, forme au-devant de la chaîne un anneau dont le développement réponde à la hauteur du velours. Ainsi, à mesure que la

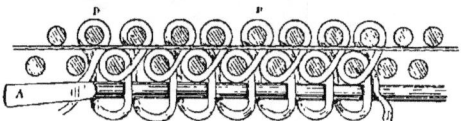

Fig. 26.

trame avance, le tranchefil se charge successivement d'une suite d'anneaux produits par la répétition de ce point (voir fig. 25); et quand cette suite est assez nombreuse, le tapissier tire son outil de gauche à droite, et, tous les anneaux se trouvant tranchés d'un coup, le velours est formé.

Mais il arrive que les anneaux de laine coupés par le

tranchefil présentent des bouts de longueur inégale. Pour les ramener au même plan, le tapissier prend ses ciseaux à branches coudées et ébarbe les fils, opération très délicate et dont l'importance est considérable, car la beauté du tapis dépend, en partie, de la précision avec laquelle cette tonte a été exécutée.

Ces diverses opérations constitutives de la fabrication des tapis de haute laine ne suffisent pas, toutefois, à donner à ces tissus — qui, par la nature même des services qu'ils sont appelés à rendre, exigent une solidité exceptionnelle — toute la force de résistance indispensable. Aussi, lorsqu'une rangée de points est achevée sur une certaine longueur, le tapissier les joint ensemble par un fil de chanvre très fort qu'il appelle *duite,* puis il lie entre eux les fils de la chaîne par un autre fil de chanvre formant *trame,* qu'il place dans le tissu en ramenant à l'aide des lices la nappe d'arrière en avant (voir fig. 26). De cette façon les points sont comme enchâssés; et lorsque le tapissier a tassé avec son peigne de fer la trame de laine et les fils de chanvre, ces derniers, pénétrant dans l'intérieur du tissu, y demeurent absolument invisibles.

C'est par ces moyens fort anciens et très simples que s'obtiennent ces merveilleux tapis qui, à la beauté du dessin, à l'éclat du coloris, joignent la délicate mollesse qui les rend d'un contact si agréable. Mais plus les moyens sont anciens, plus les procédés sont simples, et plus l'artiste qui exécute ces remarquables tissus a besoin d'une éducation soignée, d'une sûreté d'œil et de main exceptionnelle, d'une expérience particulière, d'une habileté consommée.

VI

LA TAPISSERIE A L'AIGUILLE SUR CANEVAS

Pour en terminer avec la partie technique de ce livre, il nous reste à dire quelques mots de la façon dont se fait la tapisserie à l'aiguille sur canevas. Cette sorte de tapisserie, au demeurant, est la plus connue de toutes. Il n'est pas un de nos lecteurs qui n'en ait vu faire; il n'est presque pas une de nos lectrices qui n'en ait exécuté. Depuis la boutiquière et l'ouvrière sentimentale qui confectionnent en tapisserie des pantoufles destinées au préféré de leur cœur, jusqu'à la dame du monde qui utilise les interminables loisirs de la campagne en brodant des coussins, des sièges ou des bandes d'encadrement, cet art familier est pratiqué à tous les étages de la Société. Son enseignement fait en quelque sorte partie de l'éducation féminine.

Jadis ces sortes de tapisseries étaient brodées sur des toiles à mailles assez espacées et faites de chanvre, d'où leur nom de *chanevas*[1]. Depuis deux siècles, on fabrique des tissus spéciaux à claire-voie, extrêmement apprêtés, qui, lorsqu'ils sont tissés à fils simples, prennent le nom de *canevas uni*, et celui de *canevas Pénélope* lorsque les fils sont accouplés deux par deux. Sur ces sortes de tissus on peut exécuter tous les genres de tapisserie; mais dans les travaux courants le canevas Pénélope est choisi de préférence, parce que les points se comptent plus aisément.

Sur ce fond, depuis le champ entièrement uni jusqu'aux scènes à personnages, on peut confectionner toute espèce de motifs, de sujets, d'ornements, de dessins. Quand il s'a-

---

1. Voir sur l'étymologie des mots *chanevas*, *chanevacerie*, etc., le *Dictionnaire de l'ameublement et de la décoration*, t. 1er, col. 756.

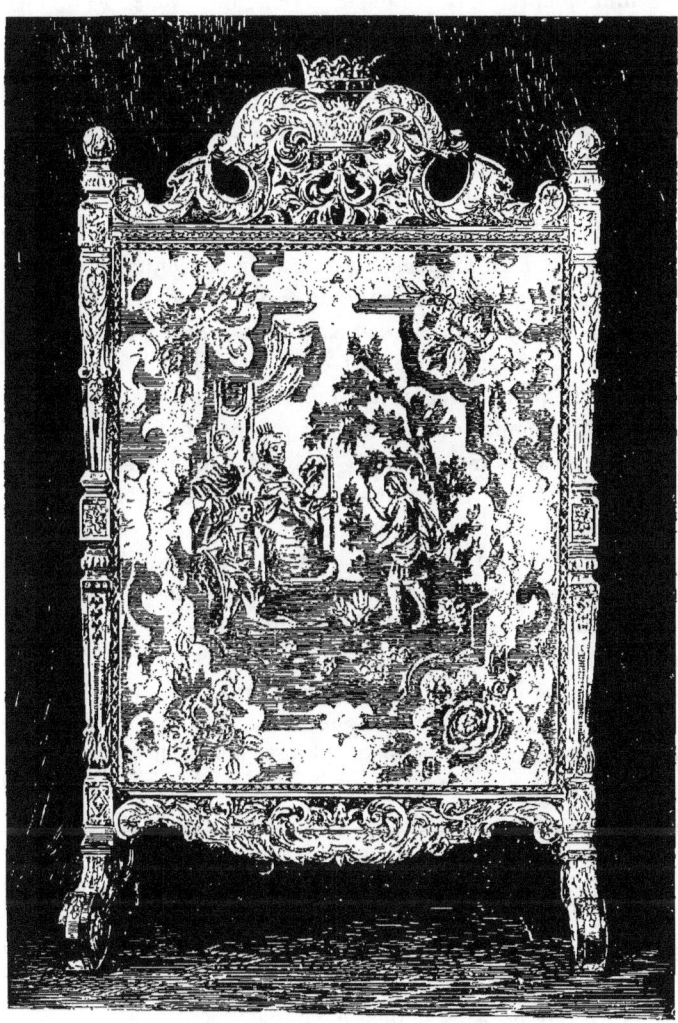

Fig. 27. — Écran en tapisserie, au petit point et au point de croix.
(XVIIᵉ siècle.)

git simplement de broder des *chevrons,* des *vagues,* ce qu'on appelle du *point de Hongrie,* ou un ornement géométrique quelconque, on commence par *jalonner* le canevas, c'est-à-dire qu'après avoir compté ses fils, on divise — à l'aide de fils de laine passés de distance en distance — son étendue en un certain nombre de compartiments égaux, les fils de laine servant de points de repère pour la conduite de l'ouvrage. Lorsque, au contraire, c'est un motif de fleurs ou de fruits, d'arabesques compliquées, ou un sujet à personnages qu'on entend reproduire, on dessine ce motif, ce sujet, au crayon noir ou à la plume sur le canevas. Puis, quand le nombre des couleurs à employer doit être assez grand, avec des couleurs d'aquarelle légèrement gouachées ou avec des couleurs en détrempe, on nuance chaque partie du dessin, de façon que la personne chargée de broder la tapisserie n'ait plus qu'à couvrir ces diverses parties avec de la laine ou de la soie assortie dans le même ton.

Si c'est une tapisserie déjà existante que l'on désire copier, il peut arriver que, ne sachant pas tracer un dessin ou ne voulant pas faire les frais d'une mise en place exécutée par un dessinateur de profession, la personne qui brode cette copie se borne à compter les points. Mais cette façon de faire est extrêmement longue, et ne peut être employée que pour copier des modèles qui ont été déjà brodés.

Enfin, lorsque le dessin est peu compliqué et ne comporte que des teintes plates, exemptes de dégradation et de modelé, on commence souvent par entourer chacune des parties du dessin, en les bordant extérieurement d'un *serti* exécuté à l'aide d'un *demi-point de croix,* et l'on *échantillonne* les compartiments, c'est-à-dire qu'on les couvre d'un bout à l'autre de fils de laine simplement passés, et choisis dans la nuance que doit présenter le compartiment.

Ces opérations préliminaires terminées, on monte le canevas sur un métier s'il s'agit d'obtenir un motif très délicat, très soigné. Quand, au contraire, le dessin ne comporte que des juxtapositions de teintes plates, on tient le canevas à la main, parce que de cette façon le travail avance plus vite.

Toutes les parties de tapisseries représentant des sujets un peu compliqués, des bouquets, des guirlandes, des chutes de fruits, des arabesques, des personnages, sont exécutées au *point de croix*. Ce point se fait à l'aiguille, avec des laines spéciales, au moyen d'un aller et d'un retour. Pour l'aller, on lance la laine en sens oblique de gauche à droite par-dessus un des fils doubles du canevas, puis on fait passer l'aiguille verticalement sous un double fil transver-

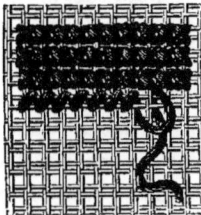
Fig. 28. — Point de croix.

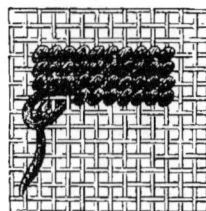
Fig. 29. — Petit point.

sal. Pour le retour, on opère de même, mais de droite à gauche, et la laine qui se trouve ainsi croisée explique le nom donné à ce point. La beauté du point de croix consiste uniquement dans sa régularité. Il faut prendre bien garde que toutes les rangées présentent exactement la même inclinaison et que les points soient de la même grosseur. En outre, et ceci est indispensable, la laine doit recouvrir entièrement le canevas, sans en laisser transparaître la moindre parcelle.

Lorsqu'un sujet comporte des carnations, des personnages vêtus avec luxe, des fleurs finement traitées, comme le point de croix serait trop gros, trop épais, pour rendre des détails aussi délicats, on a recours au *petit point,* qu'on appelle également *point de Saint-Cyr*. Ce petit point s'exécute ordinairement en soie, absolument comme le point de croix, seulement il est croisé par-dessus un seul fil au lieu de deux. La confection de ce genre de point est, on le comprend, infiniment plus longue et beaucoup plus minutieuse que l'autre. Aussi, pour gagner du temps, ne fait-on au petit point que les médaillons, les personnages, etc., alors que les alentours, les fonds, les encadrements, sont brodés au point de croix ordinaire.

S'agit-il, au lieu de motifs délicats et soignés, d'un travail hâtif, alors on choisit un brin de laine très gros, l'on ramène cette laine de droite à gauche sur toute la ligne que doivent couvrir les points, et, repartant de gauche à droite, on exécute par-dessus cette laine un *demi-point de croix.* Ce genre de point est également employé pour achever les tapisseries qui ont été préalablement *échantillonnées.*

Enfin, lorsque la tapisserie doit être vue à distance, et qu'on a beaucoup de pleins à remplir, on a encore recours au *point de croix allongé,* qui se brode par-dessus un et deux fils de canevas, ou par-dessus deux et quatre fils. Le principal avantage de ce point, c'est de recouvrir un nombre de fils de canevas double, et de ne nécessiter, par conséquent, que la moitié du temps qu'exige le point de croix ordinaire.

Indépendamment du point de croix et de ses trois variétés que nous venons de décrire, il existe un nombre considérable d'autres points fort ingénieusement imaginés, et dont les combinaisons varient singulièrement les ressources du tapissier-brodeur. Tels sont le *point des Gobelins,* le *point à côtes,* le *point de nattes,* le *point de fougères.* le *point de tissage,* le *point d'arêtes,* le *point de France,* le *point d'Orient,* le *point de coquille,* le *point de chaînette.* Ces divers points sont employés avec succès pour diversifier les *champs,* lorsque ceux-ci ont une grande importance. Ils en varient l'aspect et permettent, par la différence du travail, de mieux faire ressortir les figures principales, qui, elles, ne cessent jamais d'être exécutées au point de croix ou au petit point.

LA TAPISSERIE 45

Mais ce n'est pas seulement la tapisserie unie qu'on obtient avec l'aiguille sur le canevas. Grâce au *point de velours*, qui porte aussi (nous ne savons trop pourquoi) le nom de *point d'astrakan*, on arrive à imiter les tapis d'Orient

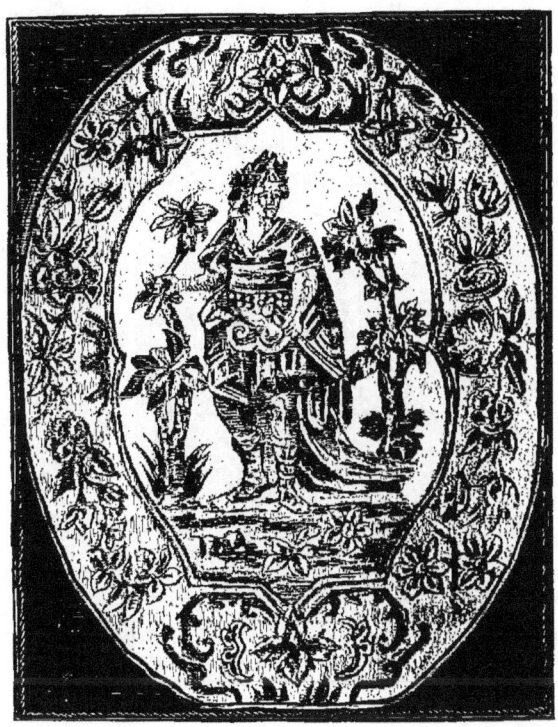

Fig. 30. — Coussin exécuté au petit point et au point de croix.
(XVIIe siècle.)

ou de haute laine. Ce point de velours se présente soit avec des bouclettes fermées, et alors il prend le nom de *point épinglé*, soit en ouvrant ces mêmes bouclettes, et alors on l'appelle *point velouté*. C'est encore le point de croix qui est la base de ces deux points. Les bouclettes, qu'on forme en enveloppant une règle de bois si l'on veut les conserver fermées, ou un tranchefil si l'on prétend, au contraire, les ouvrir, sont fixées au canevas chacune par un point de croix ; mais, quelque soin que l'on apporte à ce genre de travail, on ne peut lui assurer une résistance et une durée égales à celles des tapis de haute laine ; et comme ces sortes d'ouvrages sont, par leur nature même, soumis à un grand usage, et que, d'autre part, leur confection exige beaucoup de temps et une assez forte dépense, on exécute très peu de tapis de cette espèce, et le point qui sert à les broder est rangé parmi les travaux de fantaisie.

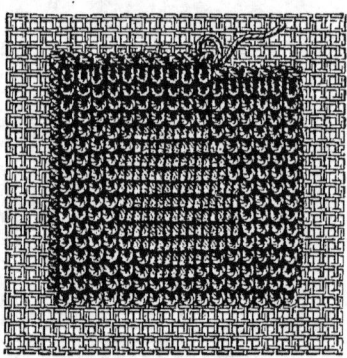

Fig. 31. — Point de velours épinglé et point de velours rasé
(d'après l'*Encyclopédie des ouvrages de dames*).

VII

DE QUELQUES RÈGLES A OBSERVER DANS LA CONFECTION DES MODÈLES DE TAPISSERIE

Assurément il serait désirable que les tapissiers de haute et basse lice, aussi bien que ceux qui tissent les tapis de haute laine, fussent assez familiarisés avec le dessin, la peinture et la composition décorative, pour pouvoir, comme le demandait Pierre du Pont dans sa *Stromatourgie,* exécuter eux-mêmes les modèles qu'ils sont ensuite chargés de reproduire. Si pareille chose était possible, on aurait des tapisseries infiniment mieux comprises. Cette unité dans la production donnerait certainement les meilleurs effets. La conception du sujet ne se trouverait pas, comme il arrive trop souvent, en contradiction avec sa destination finale, et l'exécution ne se verrait pas à tout instant entravée par des difficultés presque insurmontables, résultant de ce que l'auteur du modèle ignore d'une façon absolue les exigences de la fabrication.

Malheureusement un pareil rêve n'est pas réalisable de nos jours. Si les écoles de dessin qui sont adjointes à nos manufactures des Gobelins et de Beauvais produisaient des artistes capables d'enfanter de grandes compositions décoratives, leur premier soin serait d'abandonner les ateliers avant même de s'être familiarisés avec la technique de la tapisserie, et de s'adonner entièrement à la peinture.

Notre Société, en effet, est ainsi hiérarchisée, que le moindre peintre, fût-il un ignorant barbouilleur, se considère comme infiniment supérieur aux premiers, aux plus illustres de nos artistes industriels ; et, par une complaisance aussi inconsciente que dangereuse, nous faisons tout, hélas ! pour le confirmer dans cette fatale et désastreuse erreur. En outre, il est à remarquer que les artistes sont d'autant moins rémunérés que l'art pratiqué par eux exige un apprentissage plus long et présente des difficultés d'application plus grandes. La tapisserie est surtout dans ce cas. Le temps énorme que nécessitent la confection du moindre panneau, le tissage d'un siège, d'un écran, rend le salaire de ceux qui les fabriquent absolument dérisoire. Quand on s'élève contre le prix de revient des tapisseries des Gobelins et de Beauvais, dont la main-d'œuvre seule coûte près de 3,000 francs le mètre superficiel, on oublie que ce mètre a demandé un an et demi de travail, et qu'ainsi l'artiste qui l'a produit a été rémunéré à raison de 6 fr. 65 par jour, c'est-à-dire qu'il a reçu pour prix de sa journée un peu plus qu'un manœuvre, et sensiblement moins qu'un charpentier expérimenté ou un serrurier habile.

Dans ces conditions, c'est à des peintres étrangers au métier qu'on demande le plus souvent des modèles. Aussi les jeunes gens de nos écoles d'art décoratif, se trouvant exposés à ce que de pareilles commandes leur soient faites par l'industrie privée, nous sauront-ils gré de leur indiquer les principaux *desiderata* auxquels doit répondre un carton sagement conçu, et bien compris en vue de sa traduction en tapisserie.

Comme les considérations que nous avons à leur soumettre sont nombreuses et de nature très diverse, nous croyons bien faire en divisant ce chapitre en alinéas successifs, se rapportant aux différents points de vue que nous avons à envisager.

1° Le choix du sujet. — Tout d'abord, il ne faut jamais oublier que la tapisserie constitue un art essentiellement somptuaire. Chargée de mettre en œuvre les textiles les plus coûteux, la laine teinte de mille couleurs, et dans les tons

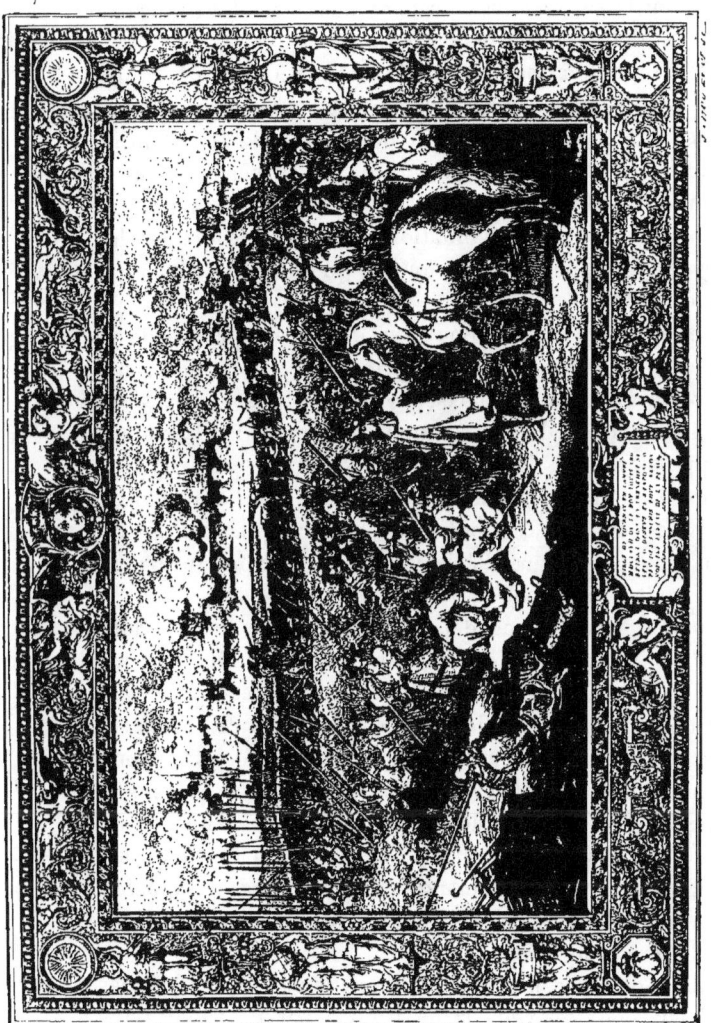

Fig. 32. — Le *Siège de Tournai*, pièce de l'*Histoire du roi*, composée par Ch. Le Brun.

les plus éclatants, la soie, l'or, l'argent, elle manquerait au premier de ses devoirs en recherchant les colorations sombres ou délavées, ternes ou lugubres.

Ainsi que le remarque fort bien M. Müntz[1] : « L'expression de la souffrance ou de l'abnégation, les hautes conceptions philosophiques ne sont point de mise ici. » Intimement liée à l'idée de magnificence, la tapisserie est surtout destinée à embellir les temples, les hôtels, les palais, à orner les plus somptueuses habitations, où son rôle est de charmer les yeux, de donner à tout ce qu'elle décore un air de joie et de fête.

Le dessinateur fera donc bien de ne pas perdre de vue cette première considération ; il évitera avec soin, si le choix du motif lui est laissé, tous les sujets tristes, désolés, lamentables. La représentation des misères humaines, l'expression de la douleur, seront par lui sévèrement proscrites. Dans l'interprétation de la scène qu'il entend figurer, il se gardera, en outre, de tout ce qui pourrait détonner avec le degré d'éclairage et de température de la pièce qu'on lui demande de décorer.

Comme nous avons déjà eu occasion de le dire autre part[2] : « Des effets de nuit, par exemple, sont assez mal placés sur un mur et dans un appartement destinés à recevoir une abondante lumière. Le contraste entre l'obscurité cherchée et l'éclairage des parties avoisinantes ne peut produire qu'un résultat discordant. » Pour des raisons de même ordre, il est quelque peu malséant d'étaler un paysage glacé avec des arbres couverts de givre ou de neige sur la muraille d'une salle à manger ou d'un boudoir, appelés, par leur destination même, à jouir en tout temps d'une atmosphère tempérée.

Enfin notre dessinateur n'oubliera jamais qu'il n'est pas de plaisir pour les yeux là où il n'y a pas de repos pour

---

1. *Histoire de la tapisserie; Introduction*, p. 11.
2. *La Décoration*, p. 22.

l'esprit, et qu'il faut se garder de spectacles violents, de figurations qui simulent un effort persistant, et dont la contemplation ne peut manquer de devenir à la longue extrêmement fatigante.

Il préférera, en conséquence, la représentation des animaux et des personnages *passants,* c'est-à-dire vus de profil et traversant son panneau, à celle des personnages ou des animaux vus de face et s'avançant directement sur le spectateur. Il évitera surtout ces poursuites désordonnées qui semblent vouloir projeter hors du cadre qui les entoure les figures lancées dans une course imaginaire. Le premier devoir d'un spectacle destiné à durer est de ne représenter que des faits durables.

Quant au choix de l'anecdote, de l'événement, du sujet, le dessinateur aura toute latitude, mais à condition d'imprimer à sa composition un caractère suffisant de magnificence. M. Charles Blanc, en effet, a commis une grave erreur lorsqu'il écrivait : « Une tapisserie qui représenterait des scènes de la vie réelle... serait une platitude insupportable, un assommant pléonasme. » La plupart des grandes tapisseries du xve et du xvie siècle, la *Bataille de Rosebecque,* l'*Institution de la Toison d'or,* les *Belles Chasses de Maximilien,* la *Conquête du royaume de Thunes,* ne constituaient-elles pas, au moment où elles furent tissées, des scènes de la vie réelle ?

Bien mieux, est-ce que les anachronismes, si curieusement pittoresques, dont les artistes du Moyen Age se rendaient si volontiers coupables, ne transformaient pas en événements contemporains les pieuses légendes, les scènes religieuses, les délicates allégories et même les faits historiques, qu'ils étaient chargés d'interpréter ? Qu'est-ce donc que la *Vie de la Vierge,* l'*Histoire de saint Remi,* l'*Histoire de Clovis,* que l'on admire à Reims, sinon des tableaux de la vie sociale ou guerrière à la fin du xve et au commencement du xvie siècle ?

A des époques beaucoup plus récentes, il en a été de même. L'*Histoire du roi* composée par Le Brun (fig. 32) est-elle donc d'une « platitude insupportable », et croit-on que si les tapissiers des Gobelins avaient reproduit le *Sacre de David,* qui en principe leur était destiné, ils auraient commis « un assommant pléonasme » ? Ces exemples montrent le parti que les Maîtres savent tirer des événements contemporains ; mais tout le monde n'est pas un maître, et généralement les dessinateurs ont plus de chance de réussir en restant dans le domaine de la Fable ou de la fantaisie, en cherchant à traduire les ingénieuses fictions des poètes, plutôt qu'en essayant de reproduire des réalités.

2° De l'interprétation du sujet. — Lorsque la tapisserie a un but pratique, une destination autre que de décorer les murailles, de dissimuler des portes ou de clore des baies, quand elle est appelée à recouvrir des sièges, par exemple, le choix du sujet réclame encore d'autres précautions.

Il est assez malséant, il faut bien l'avouer, d'inviter une personne amie à s'asseoir sur un loup irrité, cherchant le long d'un clair ruisseau une injuste querelle à un agneau inoffensif. Il n'est guère plus raisonnable de faire couler dans le dos de visiteurs bénévoles, une nappe d'eau torrentueuse, descendant en bouillonnantes cascades.

Victor Hugo raconte quelque part [1] que Louis-Philippe, au mois de novembre 1844, le recevant à Saint-Cloud, le conduisit dans un salon situé derrière celui de la reine, et lui dit, en lui montrant un grand canapé de tapisserie où étaient figurés des perroquets dans des médaillons : « Asseyons-nous sur ces oiseaux ! » Je ne connais pas de critique plus amusante et plus délicate de ces motifs de tapisserie imprudemment choisis.

Mais il arrive souvent que le choix du sujet n'est point laissé au dessinateur. Dans ce cas, il résoudra le difficile

---

1. *Choses vues,* page 84.

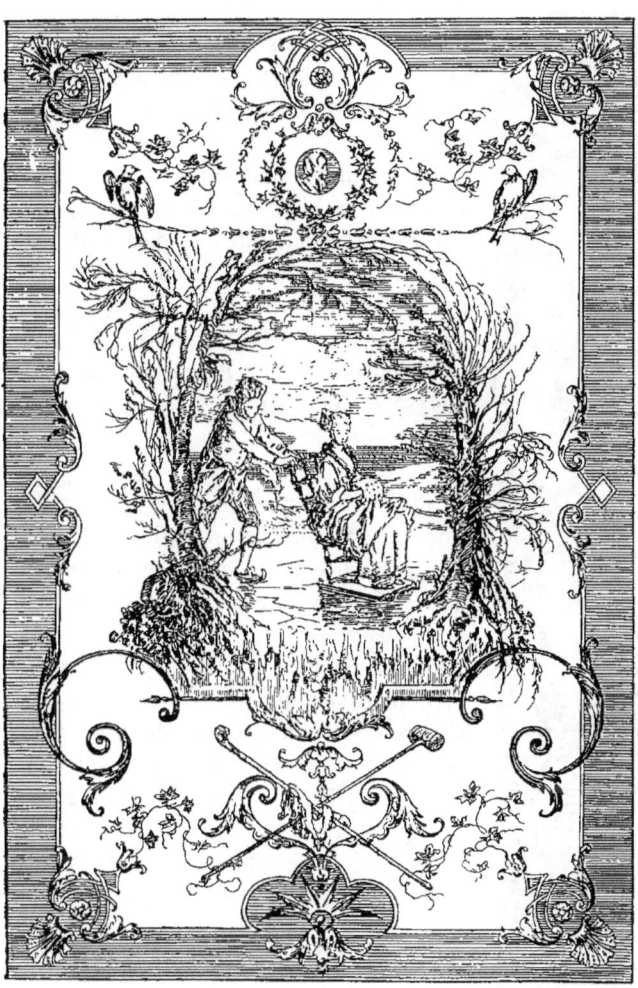

Fig. 33. — L'*Hiver*, panneau de tapisserie composé par Watteau.
(Gravure tirée de la *Décoration*.)

problème qu'on lui impose en prenant soin d'envelopper les scènes qui lui sont commandées d'*alentours* qui assignent à cette représentation un caractère purement décoratif, et par conséquent suffisamment conventionnel.

Les exemples, au surplus, ne lui font pas défaut. Watteau chargé de figurer les *Saisons* en feuilles de paravent (voir fig. 33), Charles Coypel sollicité de représenter les aventures de Don Quichotte en panneau de tapisserie (voir fig. 77), montrent que pour les grands artistes ces sortes de difficultés sont loin d'être insurmontables.

3° DES BORDURES. — Un des moyens que le dessinateur possède d'assigner à son modèle le caractère de décoration que doit présenter une tapisserie bien comprise, c'est de donner à sa bordure une importance réelle, non seulement comme dimensions, mais aussi comme ampleur de composition et comme richesse d'ornementation. Les tapissiers du XIV° et du XV° siècle ont rarement manqué à cette règle; mais ils ont été dépassés, sur ce terrain, par les artistes de la Renaissance et par ceux du XVII° siècle.

Raphaël, dans ses admirables bordures des *Actes des apôtres,* — qui marquent le début dans les Flandres de la tapisserie moderne, — a attribué à ses encadrements une ampleur superbe et une incomparable

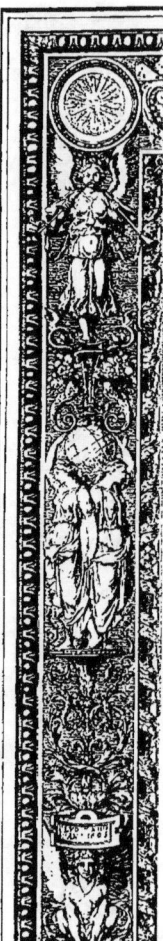

Fig. 34. — Bordure de l'*Histoire du roi*, composée par Le Brun.

richesse, associant dans leur composition les grotesques et les rinceaux à des figures d'enfants, et combinant de gracieuses architectures avec la représentation de symboliques personnages. Simon Vouet et Lerambert, chez nous, avec moins de somptuosité, plus de discrétion et de sévérité dans les détails, et un aspect architectural plus marqué, ont également produit de belles bordures; mais aucun d'eux n'a égalé Le Brun, qui, avec un art merveilleux et tout en leur conservant un caractère bien évident de subordination, sut donner à ses encadrements une rare magnificence.

Renommées, Génies, Muses et Guerriers, Captifs enchaînés, Trophées et Cartouches, Chiffres, Sphinx, Aigles aux ailes éployées, reliés entre eux par de magnifiques rinceaux et se détachant sur un fond d'or de la plus grande richesse, ajoutent à la somptuosité des tableaux retraçant l'*Histoire du roi;* alors que dans les *Éléments* et les *Saisons,* les productions de la Terre, de l'Eau, de l'Air et du Feu, des trophées d'instruments agricoles, des chutes de fleurs et de fruits s'enlevant sur un champ neutre, soulignent, par leur éclat un peu massif, la légèreté de la composition qu'ils encadrent.

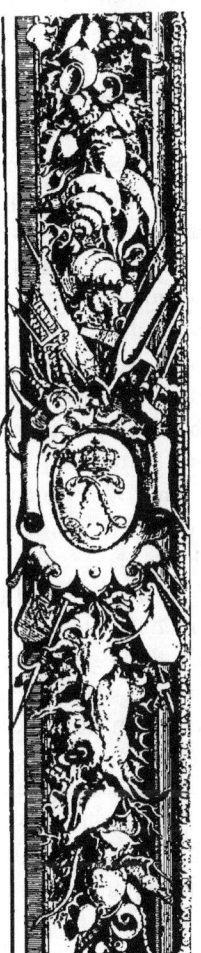

Fig. 35. — Bordure des *Éléments*, composée par Le Brun.

4° DE L'ORDONNANCE DU SUJET. — DE LA DISTRIBUTION, DE LA COMPOSITION. — DE LA SYMÉTRIE ET DE LA PONDÉRATION DES MASSES. — Les tapisseries n'ont pas pour unique destination d'être tendues sur un châssis ou de jouer le rôle de tableau enchâssé dans un panneau, et de présenter de la sorte aux regards une surface unie. Elles peuvent aussi, étant simplement suspendues par leur extrémité supérieure, être laissées flottantes. Il faut même reconnaître qu'un de leurs traits caractéristiques réside justement dans cette précieuse souplesse, qui permet de les changer de place sans les endommager et sans les craqueler, comme cela ne manque pas d'arriver avec la peinture.

Dans ces conditions, et comme le sujet peut être coupé par un ou plusieurs plis, il importe que dans l'ordonnance de la composition les règles de la symétrie ne soient point rigoureusement observées, sans quoi un pli qui, sur l'un des côtés, serait un peu plus large que le pli correspondant sur l'autre côté, suffirait pour rendre la composition boiteuse.

Mais alors même que la tapisserie est destinée à être tendue sur un châssis et à garnir un panneau, une grande liberté dans son ordonnance, et disons même une certaine confusion, ne sont pas sans charmes. Il n'est pas nécessaire, en effet, que l'œil embrasse du premier coup tous les détails de la scène représentée. Il est préférable, au contraire, qu'il les déchiffre successivement, allant de l'un à l'autre, et, qu'on nous permette cette expression, que l'attention s'éparpille sur les diverses parties de la composition.

Comme le remarque fort justement M. Charles Blanc [1] : « L'obscurité du sujet, l'imprévu de l'ordonnance et le vague même de l'intention peuvent être dans une tenture des circonstances heureuses pour le plaisir de celui qui la regarde sans la bien voir, avec les yeux de la pensée. » Ces quelques observations suffisent à montrer la différence capitale qui existe entre la composition d'un tableau et celle d'un carton de tapisserie.

---

1. *Grammaire des arts decoratifs*, p 100.

5° De la perspective. — Les tissus tendus sur les murailles, quelles que soient leur nature et leur somptuosité, ont pour but de décorer ces murailles, mais non pas de les faire oublier. Une des plus grosses fautes, en effet, que le décorateur puisse commettre, c'est de simuler des vides où doivent se trouver des pleins. Il enlève ainsi à la construction toute solidité apparente. En outre, il faut reconnaître qu'une ouverture, de quelque étendue et de quelque nature qu'elle puisse être, alors même qu'elle nous procurerait la vue du plus riant paysage ou du plus merveilleux palais, ne saurait être considérée comme un décor. Un vitrail, un rideau, au contraire, un store, une étoffe voilant cette ouverture, peuvent constituer une décoration.

On fera donc bien d'éviter avec soin d'appliquer sur la muraille une tenture qui, simulant une scène en plein air, une galerie, un paysage, semble ouvrir une vue sur le dehors et supprimer ainsi la maçonnerie qu'elle recouvre.

Or, c'est le résultat fatal d'une perspective bien observée que de paraître creuser, crever même la surface qui la porte. Pour remédier à cet inconvénient, il faut donc, non seulement placer la ligne d'horizon très haut, mais encore fausser la perspective, parce qu'une perspective mal observée, en détruisant la succession logique des plans, ramène ceux-ci à une verticalité qui, transformant la tapisserie en une sorte de rideau, empêche qu'elle ne troue la surface qu'elle recouvre.

C'est ce qu'ont admirablement compris les Chinois, ces décorateurs incomparables; c'est ce que nos peintres et nos tapissiers du xve siècle avaient également fort bien senti, et ce qui a valu aux uns et aux autres d'amères et mordantes critiques, jusqu'au jour où l'on a découvert le merveilleux parti que ces artistes avaient su tirer de leurs incorrections volontaires.

Nos deux figures 36 et 37, qui placent à côté l'une de l'autre une tapisserie du xvie siècle représentant un *Con-*

58   LA TAPISSERIE

cert champêtre, et cette même scène rigoureusement mise en perspective, montrent quelle différence d'impression peut produire un même sujet, suivant qu'il est exécuté d'une façon correcte ou avec des incorrections voulues. A regarder attentivement notre figure 36, on éprouve la sensa-

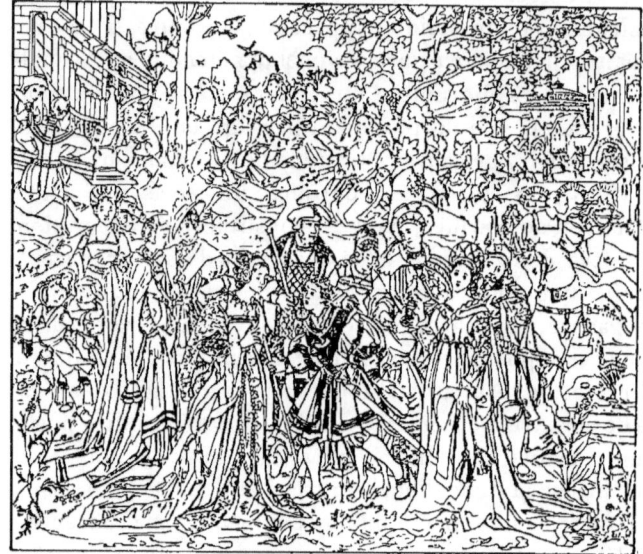

Fig. 36. — Tapisserie flamande du XVIe siècle représentant les *Amusements champêtres.* (Gravure tirée de la *Décoration.*)

tion que donne la contemplation d'une tapisserie; notre figure 37, au contraire, présente l'aspect d'un tableau.

Ainsi que nous l'avons établi autre part [1] : « Certains détails qui passent inaperçus, ou dont on ne pénètre pas de suite la raison, aident également à produire ces illusions nécessaires... Les fleurs, les feuillages, les vols d'oiseaux présentés verticalement, revêtent un aspect décoratif qu'ils cessent d'avoir dès qu'on les dessine sur un plan horizon-

1. Voir notre volume sur la *Décoration,* p. 11.

tal et comme ils s'offrent, du reste, à nos regards dans la nature. »

Indépendamment de l'emploi très légitime de ces petits subterfuges, le dessinateur chargé d'exécuter un carton de tapisserie fera donc bien, en traçant sa ligne d'horizon

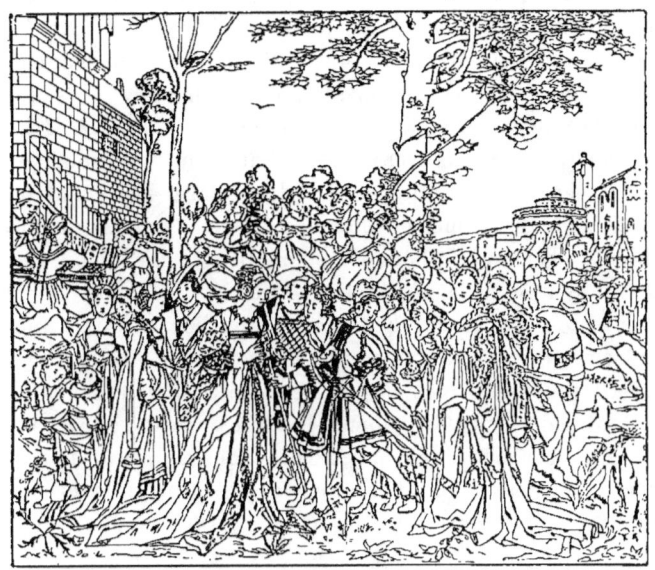

Fig. 37. — La même tapisserie flamande mise en perspective.
(Gravure tirée de la *Décoration*.)

très haut, et en faussant sa perspective par l'inobservance des points de fuite, d'enlever à la composition toute apparence de profondeur et de lui conserver ainsi l'aspect d'un décor. S'il était besoin qu'il s'excusât à ses propres yeux d'avoir commis ces fautes volontaires, il pourrait se souvenir que dans les peintures décoratives les plus célèbres, dans les chefs-d'œuvre les moins discutés, on découvre de ces incorrections voulues. L'*Ecole d'Athènes,* en effet, offre deux points de vue, l'un plus bas pour l'architecture, l'autre plus haut pour les personnages. Les *Noces de Cana* présentent également deux lignes d'horizon. Or ce n'est point être très coupable que de prétendre marcher sur les traces de Raphaël ou de Paul Véronèse.

Ce que nous disons de la perspective linéaire s'applique également à la perspective aérienne. Individuellement considérés, tous les objets ont une forme précise. Il n'est pas, comme Ingres le remarquait fort justement, jusqu'à la fumée qui n'ait des contours suffisamment déterminés. Placés sur des plans différents, à une distance plus ou moins grande du spectateur, ces objets — par suite de la conformation de nos yeux et de l'air dont les couches interposées forment une sorte de brouillard — perdent la netteté de leurs formes et semblent se noyer dans la masse ambiante. Tel est le phénomène qui produit ce qu'on est convenu d'appeler la perspective aérienne.

Tenir compte de ce phénomène dans l'exécution d'une tapisserie, en écrivant avec une fermeté spéciale les contours des objets placés au premier plan, et en atténuant, en estompant ceux des objets lointains, c'est commettre une faute; car c'est, par l'atténuation des colorations, accentuer le recul et donner ainsi la sensation d'un creux pratiqué dans la muraille.

6° Du modelé et des lumières. — Une autre précaution que le dessinateur chargé d'exécuter un modèle de tapisserie doit prendre, c'est de ne point trop accentuer le modelé des personnages, de l'architecture ou des accessoires dont il meuble sa composition. Autant que possible il évitera les effets de clair-obscur, et il tiendra à ce que accessoires, architectures et personnages baignent dans une belle lumière bien uniforme, ne comportant pas surtout d'ombres trop marquées.

Cette uniformité d'éclairage, en donnant une même valeur à toutes les parties, empêchera que l'attention du spectateur ne se concentre sur un point unique; elle présentera aussi cet avantage de débarrasser le tapissier des tons neutres, gris, ternes qui sont en contradiction, nous l'avons dit, avec la destination de la tapisserie, laquelle est de comporter partout et toujours un air de fête.

Mais c'est surtout des tapis destinés à être étendus sur le sol, que le modelé doit être banni. Rien n'est plus malséant, rien n'est plus désagréable que de marcher sur une série d'aspérités apparentes, qui froisseraient les pieds et risqueraient de provoquer des chutes dangereuses, si elles ne constituaient un mensonge quelque peu ridicule.

On fera donc bien d'éviter, dans la composition des tapis de pied, la présence de guirlandes, de bouquets, et à plus forte raison d'animaux et de personnages. On donnera la préférence aux décorations planes consistant en une ornementation géométrique qui, permettant toute liberté dans le choix et l'emploi des couleurs, pourra conserver aux tapis leur véritable rôle décoratif, lequel est surtout de servir de point de départ à la gamme colorée qui doit envelopper la pièce.

7° Du coloris. — Une des plus grandes erreurs que les tapissiers puissent commettre, c'est de prétendre copier servilement un tableau, et de manifester la prétention de reproduire sur le métier les œuvres des Maîtres de la Peinture. Cette erreur, devenue générale chez nous dès le milieu du siècle dernier, a fait dévoyer la tapisserie de la route glorieuse qu'elle avait jusque-là suivie.

Pour se convaincre de la faute commise par ceux qui prétendent exécuter de ces copies littérales, il suffit de considérer la différence d'aspect que présentent la peinture et la tapisserie. La surface de cette dernière, en effet, n'est pas plane, unie, comme celle que peut offrir un tableau peint à l'huile; elle est striée par une quantité innombrable de petites côtes juxtaposées qui, s'arrondissant, font succéder à une foule de raies lumineuses un nombre égal d'intervalles légèrement ombrés. En outre, là où le peintre peut, à l'aide de légers frottis, obtenir des ombres transparentes, transformer ses tons avec des glacis, par des empâtements accrocher la lumière, et, grâce à l'apposition d'un vernis, former une sorte de glace qui exalte l'éclat des nuances distribuées par sa palette, le tapissier, lui, doit se contenter d'une trame dont l'uniforme épaisseur reçoit un éclairage égal sur tous ses points.

Placez à côté d'une tapisserie tissée avec la laine la plus blanche un morceau de satin blanc, et la tapisserie paraîtra grise. Rapprochez une tapisserie entièrement noire d'un morceau de satin de même couleur, la tapisserie paraîtra encore grise. Ne pouvant obtenir qu'une vigueur atténuée dans les ombres et un éclat relatif dans les blancs, le tapissier doit renoncer à toute reproduction *expressive,* pour se borner à la traduction d'effets purement *décoratifs.*

A ces principales exigences, dont le dessinateur doit tenir compte quand il compose un modèle destiné à être traduit en tapisserie, d'autres encore viennent s'ajouter. La contexture même du tissu, sa surface striée, forcément *grippée* dès que l'étoffe est un peu ancienne, s'opposent à ce qu'on la contemple de très près, et obligent le spectateur à un certain recul. Il en est de même pour l'espèce de duvet qui, dans les tapisseries neuves, enveloppe le grain. La tapisserie, pour produire son maximum d'effet, doit donc être considérée à distance. De là une nécessité absolue de procéder par masses bien visibles, et de faire, autant que possible, usage de tons francs.

Ajoutez que le tapissier se trouve dans l'impossibilité de recourir, comme le peintre, à des dégradations délicates, et, alors même qu'il le pourrait, la fidélité de sa traduction n'aurait pas de durée. Les nuances fines, intermédiaires, les couleurs rompues et rabattues, sont celles, en effet, qui résistent le moins aux influences atmosphériques. Elles sont appelées à disparaître ou au moins à tomber d'une façon singulière, avant même que les couleurs franches commencent à baisser. En sorte que l'harmonie se trouverait rapidement détruite, en admettant même que par ce moyen on ait pu l'obtenir. Il est donc prudent de procéder, dans le modelé, par ce qu'on appelle des *à plat;* ce qui rend le travail plus facile, moins coûteux par conséquent et plus rapide.

Enfin la possibilité d'obtenir, à l'aide de hachures, les dégradations indispensables à l'expression du modelé, doit inciter le peintre à ne donner sur son carton que des indications de nuances, dont l'exécutant tiendra compte, et non pas à chercher l'effet définitif, qui risquerait de se trouver en désaccord avec le résultat auquel peut atteindre le tapissier chargé de les interpréter.

Un certain nombre de cartons de tapisserie, remontant au XVIe siècle et pieusement conservés dans nos musées; les toiles peintes de Reims, si curieuses à tant de titres et que l'on s'accorde à considérer comme des modèles de tapisserie, montrent qu'au Moyen Age et à l'époque de la Renaissance, les tapissiers ne demandaient aux peintres — comme modèles — que des grisailles légèrement teintées, qu'ils se réservaient de traduire librement, en adaptant, au cours de l'exécution, les nuances qui leur paraissaient devoir produire le meilleur effet; montant les tons ou les abaissant suivant ce qu'ils jugeaient convenable; en un mot, se servant des indications du peintre comme d'un thème mélodique, sur lequel ils exécutaient de belles variations de couleurs.

Telles sont les recommandations principales que le dessinateur chargé de composer un modèle de tapisserie fera bien de méditer.

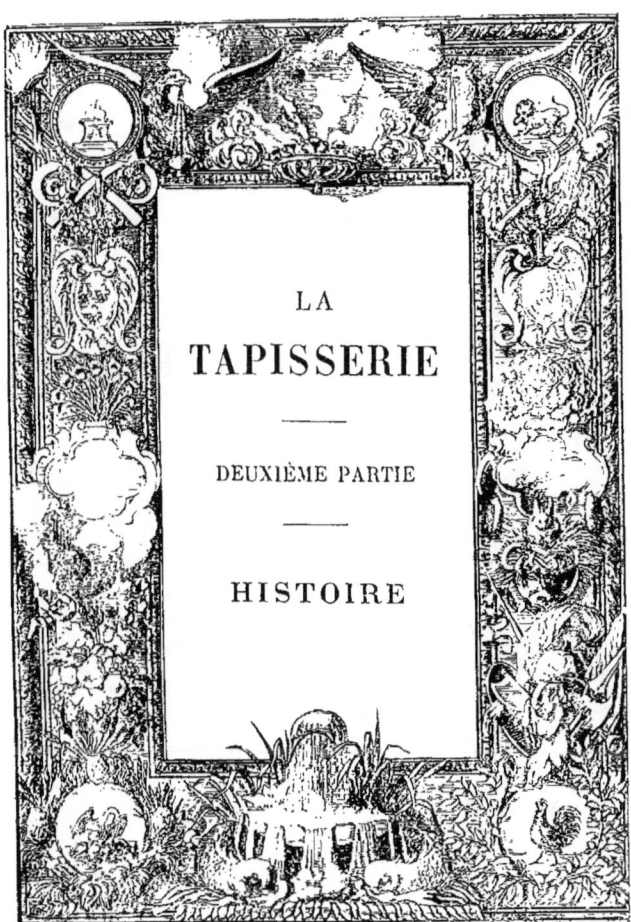

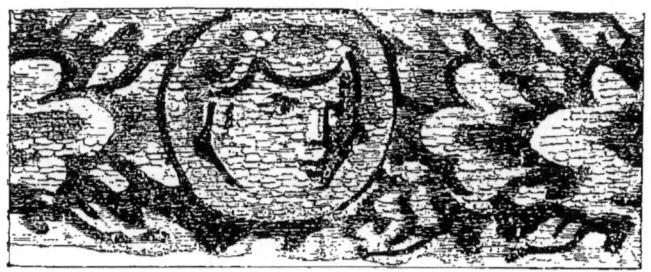

Fig. 39. — Frise de tapisserie de haute laine. (vi⁰ siècle.
MUSÉE DE LYON.

I

LA TAPISSERIE DANS L'ANTIQUITÉ

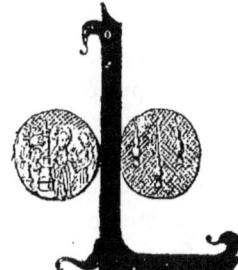A tapisserie, dans son principe, semble avoir constitué un art essentiellement féminin. La lutte légendaire de Minerve contre l'imprudente et audacieuse Arachné, la victoire remportée, non sans effort, par la déesse sur la jeune et trop habile Méonienne, l'implacable ressentiment qu'elle conserva contre l'impertinente mortelle qui avait failli lui ravir le prix, toute cette longue et instructive histoire, bien qu'appartenant au domaine de la Fable, jette un jour assez particulier sur la production de la tapisserie au début des temps historiques.

A une époque où la servitude était considérée, par les esprits les plus élevés et par les plus grands philosophes comme une nécessité d'État, il était naturel que les esclaves fussent employées à ces sortes de travaux. Homère rapporte qu'Agamemnon, voulant fléchir la colère d'Achille, lui fit offrir par Ulysse, entre autres présents, sept Lesbiennes exercées à ces beaux ouvrages[1]. Mais, d'autre part, la persuasion où ils étaient que Minerve elle-même excellait dans l'art de tisser, montre assez que les Grecs, si rebelles cependant à toute idée de travail manuel, ne croyaient pas que la fabrication de la tapisserie entraînât une fatale déchéance; et comme la chaste déesse, patronne des féminins travaux, continua de présider à ces délicates occupations, on en peut conclure qu'à côté des ateliers serviles, il en existait d'autres, en Grèce, où les jeunes filles libres, volontairement groupées, exécutaient en commun des tentures considérables et du plus haut prix.

C'est à ces associations aimables qu'on demandait la parure des dieux et la décoration de leurs sanctuaires. Le fameux peplos d'Athénè, dont le fond safrané était couvert de figures coloriées représentant les travaux de la déesse, avait été tissé par les mains virginales des Erréphores. A la même époque on rencontrait à Athènes nombre d'ateliers du même genre, dont les épigrammes et les gracieux poèmes de l'*Anthologie*[2] nous détaillent le léger matériel.

Rien de plus charmant que la description de ces associations joyeuses où les broches matinales commençaient à se mouvoir en même temps que l'hirondelle, où les chansons des ouvrières accompagnaient le bruit de la navette, où se dressaient entre l'ensouple et la traverse les fils de chaîne, comparés par le poète aux cordes d'une lyre.

Grâce à ces précieux récits, nous connaissons l'attirail qui servait à la confection de ces tissus recherchés. Ils énumèrent, en effet, avec complaisance, la quenouille (ἠλακάτη) et les fuseaux (πηνία) employés pour filer les laines, la corbeille (κάλαθος) où celles-ci étaient disposées en pelotons; l'ensouple (ἀντίον), la navette (κερκίς) qu'on chargeait de textiles de différentes nuances, de fil d'or et d'argent; les *spathes* ou battants, et les *peignes* pour serrer la trame, ces

1. *Iliade*, IX, 270, 271.
2. *Anthologie palatine*, VI, 39, 174, 284, 285, 286, 288, 289, etc.

peignes importés des bords du Nil et qui, au dire de Martial, avaient triomphé de l'aiguille babylonienne. Enfin Ovide, dépeignant la lutte d'Arachné et de Minerve, nous montre les deux rivales accroupies, le corps penché vers le métier,

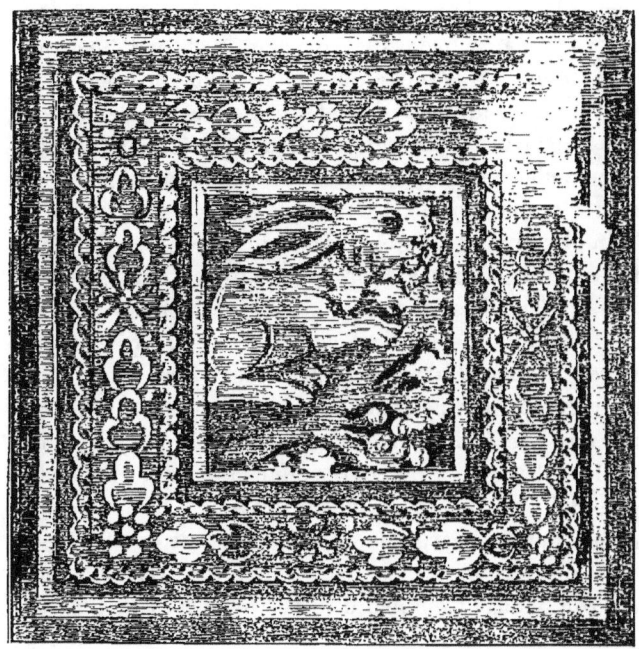

Fig. 41. — Fragment de tapisserie copte.
MUSÉE DES GOBELINS.

la robe repliée autour des seins pour laisser aux bras leur entière liberté, tandis que leurs doigts s'agitent fiévreusement pour entremêler en des dessins variés les laines teintes et préparées à Tyr[1].

« La trame, dit le poète, est glissée à l'aide de broches pointues que les doigts dirigent entre les fils de la chaîne,

1. *Métamorphoses*, VI, 52 et suivantes.

et elle est frappée ensuite au moyen d'un peigne dont les dents sont introduites entre les fils. »

On voit que nous n'exagérions rien en disant, aux premières pages de ce livre, que les outils et les procédés employés en ces temps relativement si lointains, ne s'éloignent pas sensiblement de ceux usités encore aujourd'hui par les tapissiers de haute lice; et le voyageur qui par l'ouverture de la tente ou par la porte du gourbi a pu apercevoir, en Orient ou en Afrique, les femmes arabes ou kabyles tissant les gandouras ou les burnous de leurs maris, peut se faire une idée suffisamment précise de l'installation un peu sommaire des tapissières de la Grèce classique.

Enfin il convient de rapprocher de ces associations industrielles ces autres ateliers plus intimes qui existaient dans les plus riches et les plus nobles maisons, — ateliers plus retirés, plus discrets, mais non moins fertiles en beaux ouvrages, où les femmes les plus illustres ne craignaient pas, en compagnie de leurs suivantes, de sacrifier à ces charmantes occupations. Comme le remarque fort bien M. de Ronchaud[1], « l'Idéal grec pour la femme, était d'être grande et belle, habile en beaux travaux ». La vertueuse Pénélope dut une partie de sa juste célébrité à cette tapisserie que sa chasteté l'empêcha d'achever avant le retour du roi son époux. Combien d'autres princesses occupaient alors leurs loisirs à la confection de ces précieux ouvrages! A l'instar de Pénélope, Hélène, fameuse à d'autres titres, représenta en tapisserie l'histoire de la guerre de Troie.

Nous savons, par l'accueil que le vainqueur de Darius fit à la mère et à la femme de celui-ci, qu'au temps d'Alexandre ces ingénieux travaux étaient encore l'apanage des princesses les plus illustres. Ajoutons que les tapissières, alors, ne reculaient pas devant les ouvrages les plus compliqués comme dessin et comme composition. Aristote

---

1. *La Tapisserie dans l'antiquité*, chap. 1er, page 35.

nous apprend qu'on tissa pour Alcisthènes de Sybaris un peplos d'une telle magnificence qu'il fut jugé digne d'être exposé dans le temple de Junon Lacinia, alors lieu de pèlerinage pour toute l'Italie. Ce peplos, qui plus tard fut payé 120 talents, était décoré de bandes figurant en haut les animaux sacrés des Susiens, et en bas ceux des Perses. Au milieu on voyait les images de Jupiter, de Minerve, d'Apollon, de Vénus, de Thémis, et aux deux extrémités le

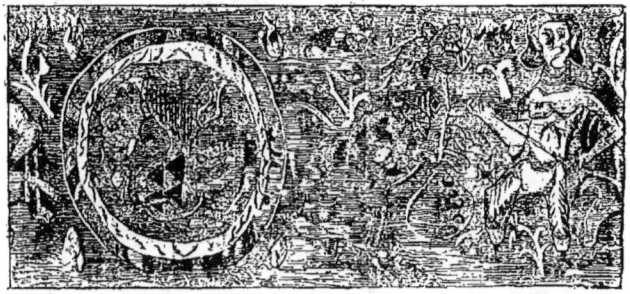

Fig. 42. — Tapisserie antique de haute lice représentant un belluaire. (VIᵉ siècle.)
MUSÉE DE LYON.

double portrait de l'heureux Sybarite pour qui avait été tissé ce chef-d'œuvre.

Démétrius Poliorcète, plus fastueux encore qu'Alcisthènes, s'était commandé un manteau qui devait représenter l'univers avec tous les phénomènes célestes et qui, s'il eût été terminé, eût éclipsé par sa richesse toutes les tapisseries alors connues. Mais le changement qui s'opéra dans la fortune de Démétrius força de laisser l'ouvrage inachevé; encore était-il si magnifique « qu'aucun roi n'osa le porter, bien qu'il y eût en Macédoine des princes très fastueux[1] ».

Un mot singulièrement typique que Plutarque, auquel nous empruntons ces détails, met dans la bouche de Thémis-

1. Plutarque, *Démétrius*, XII.

tocle, montre, au surplus, de quelles complications comme dessin ces beaux ouvrages étaient coutumiers. Interrogé par Xerxès, auprès duquel il s'était réfugié, sur les projets que nourrissaient les Grecs, le héros répondit : « La parole de l'homme ressemble proprement à une tapisserie historiée et figurée, pour ce que en l'une et en l'autre les belles images qui y sont, se voyent quand on les étend et qu'on les déploie, et au contraire n'apparaissent point quand on les serre et qu'on les drape [1] ».

Quant à la qualité textile des tapisseries de ces époques lointaines, nous pouvons nous en faire une idée approximative par les précieux spécimens qui sont une des curiosités du Musée d'art et d'industrie de Lyon, et par la collection de tapisseries coptes que possède la Manufacture des Gobelins.

Ces débris, malheureusement, ne proviennent que très exceptionnellement de grandes tentures d'appartement, ou de tapis destinés à recouvrir des sièges. Presque tous ont été retrouvés dans des sépultures antiques, notamment à Akhmin (l'antique Panopolis), à Sakkarah, à Fayoum, et faisaient partie de la parure ou du vêtement des personnages ensevelis.

Ces spécimens, si on les compare aux fragments de décoration et surtout aux mosaïques de ces temps lointains, et si l'on s'en rapporte au style de leur ornementation, paraissent remonter, pour les plus anciens, au IIe siècle de notre ère, et pour les plus récents, au VIIe et au VIIIe. Le dessin en est généralement assez sommaire, et très inférieur à celui des vases des époques précédentes. Mais il est facile de voir cependant que les artistes auxquels on en a demandé les modèles possédaient un sens très remarquable des exigences de la décoration. Si les personnages, en effet, sont le plus souvent sacrifiés et semblent parfois grotesques,

---

1. Plutarque, *Thémistocle*, LII.

tout ce qui touche aux encadrements et à l'ornementation pure est disposé, distribué, combiné avec une science réelle et beaucoup d'ingéniosité. En outre, l'abondance des motifs est très caractéristique. Palmes, rinceaux, postes, torsades, pampres, ondes, feuilles variées, chevrons, etc., alternent agréablement ou se mêlent d'une façon toujours heureuse et généralement pittoresque.

Ajoutons que tous ces dessins sont obtenus avec un petit

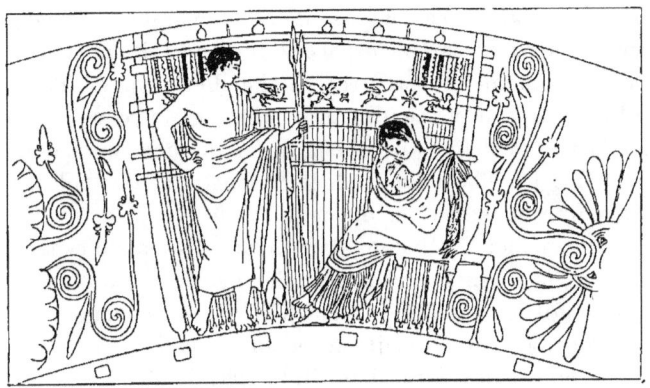

Fig. 43. — Pénélope à son métier, d'après un vase grec antique découvert à Chiusi.

nombre de nuances. La palette des tapissiers coptes notamment est limitée à une douzaine de couleurs. Quant au procédé de fabrication, M. Gerspach, directeur des Gobelins, affirme qu'une étude attentive lui permet d'assurer que la plupart de ces tapisseries ont été fabriquées sur un métier vertical, ne différant pas essentiellement de celui dont on se sert encore à l'heure actuelle; quoique certaines particularités lui fassent croire que le tapissier copte était installé devant la chaîne et non derrière, comme cela a lieu dans la fabrication moderne [1].

De cet emploi du métier de haute lice à une époque

1. Gerspach, *les Tapisseries coptes*, p. 7.

extrêmement ancienne, nous avons, au surplus, deux témoignages irrécusables : d'abord un bas-relief de l'hypogée de Beni-Hassan, remontant à trois mille ans avant notre ère, et qui montre un métier primitif et très simple, ressemblant beaucoup à ceux dont on se sert encore aujourd'hui en Orient et en Afrique (voir fig. 44); en second lieu, le métier même de Pénélope, reproduit sur un vase grec découvert à Chiusi et antérieur de quatre cents ans à Jésus-Christ.

« Il est vertical, écrit M. Maspero, en parlant du métier de Beni-Hassan, et se compose de deux cylindres minces, ou plutôt séparés par un espace d'un mètre cinquante, et engagés chacun dans deux grosses chevilles plantées dans le sol à quatre-vingts centimètres l'une de l'autre environ. Les lisses de la chaîne (M. Maspero fait ici une confusion, il veut dire les fils de la chaîne) étaient attachées solidement, puis roulées autour du cylindre de tête jusqu'à tension convenable. Des bâtons de croisure disposés d'espace en espace, facilitent l'introduction des broches chargées de fils (il s'agit ici des fils de trame), le travail commençant par en bas, ainsi qu'on fait encore aux Gobelins[1]. »

Quant au second, « sa disposition, écrit M. Müntz[2], rappelle, à quelques variantes près, le métier employé de nos jours encore aux Gobelins. Deux montants verticaux, reliés dans leur partie supérieure par une barre horizontale, soutiennent les lisses (c'est également les fils de chaîne qu'il faut lire), qui portent à leur extrémité de petits poids destinés à les maintenir droites. Le travail, contrairement à ce qui se pratique aux Gobelins, commence par le haut; le tissu s'enroule au fur et à mesure sur un cylindre; d'autres cylindres analogues à nos bâtons de croisure permettent de distance en distance d'introduire les broches d'ivoire chargées de fils de couleur. » (Fig. 43.)

Ainsi, sans prétendre nier l'existence, en ces temps très

1. Maspero, *l'Archéologie égyptienne*, p. 282.
2. E. Müntz, *la Tapisserie*, p. 31.

reculés, du métier horizontal ou de basse lice, dont la pratique, si l'on en croit M. Guiffrey[1], « remonte à coup sûr à une époque antérieure », on est amené, sinon à affirmer, du moins à croire que la plupart des tapisseries antiques ont été exécutées sur des métiers verticaux.

La chaîne de ces tapisseries, en outre, est presque toujours en fil de lin écru. Lorsqu'on monte une tapisserie sur le métier, on distance à volonté les fils de la chaîne selon la finesse à donner au tissu. « Aux Gobelins, écrit M. Gerspach, nous travaillons avec 9 et 10 fils au centimètre; dans les tapisseries coptes, les chaînes sont à 18, 12, 11, 9, 8, 6 fils au centimètre; les fils sont d'épaisseur variable. » On voit que dans ces tapisseries il s'en trouve qui sont deux fois plus fines que celles produites à l'heure actuelle par notre Manufacture nationale.

Enfin un des spécimens conservés au musée de Lyon (voir fig. 39) prouve que les tapisseries de haute laine n'étaient pas inconnues aux premiers siècles de notre ère, et permet de croire qu'elles sont même beaucoup plus anciennes. Ainsi se trouve justifiée la qualification poétique que Théocrite appliquait au tapis de Milet, qu'il disait être « plus moelleux que le sommeil ».

1. *Histoire de la tapisserie*, p. 12.

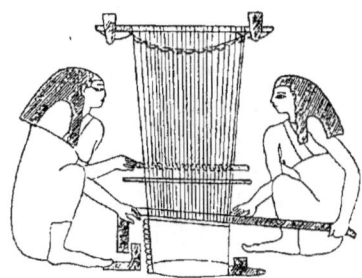

Fig. 44. — Métier égyptien, d'après le bas-relief de Beni-Hassan.

II

LA TAPISSERIE A L'AIGUILLE, DEPUIS LE MOYEN AGE JUSQU'A LA RÉVOLUTION

Pour peu que l'on rapproche de la légendaire tapisserie exécutée par la belle Hélène, et représentant les principaux épisodes de la guerre de Troie, cette autre épopée de l'aiguille mieux connue et non moins célèbre, qui porte le nom de *Tapisserie de Bayeux,* on est amené à conclure que les plus grandes dames du Moyen Age, comme leurs aînées de l'Antiquité grecque et romaine, cultivèrent avec une assiduité singulière le bel art qui nous occupe. La vie féodale, du reste, avec ses exigences particulières, avec cette claustration presque continuelle à laquelle les femmes se trouvaient condamnées par suite d'un état de guerre permanent, se prêtait merveilleusement à la conception et ensuite à la confection de ces gigantesques travaux, que nous jugerions aujourd'hui impraticables.

Quelques princesses de ces temps obscurs et mal connus se sont même acquis, par des ouvrages de ce genre, une réputation qui a traversé les siècles. Judith de Bavière, mère de Charles le Chauve, est de ce nombre. La reine Mathilde, à qui nous devons cette fameuse bande de tapisserie de 210 pieds de long, dont nous parlions à l'instant, et sur laquelle une aiguille naïve a essayé de raconter la conquête de l'Angleterre; la comtesse Ghisia, femme de Guifried de Cerdagne, dont le musée de Cluny possède une curieuse broderie, doivent à leurs talents une notoriété que leur nom n'aurait certes pas obtenue sans cela. On en peut dire autant, et avec plus de raison, d'Agnès, abbesse de Quedlimbourg, qui, vers 1200, exécuta, grâce

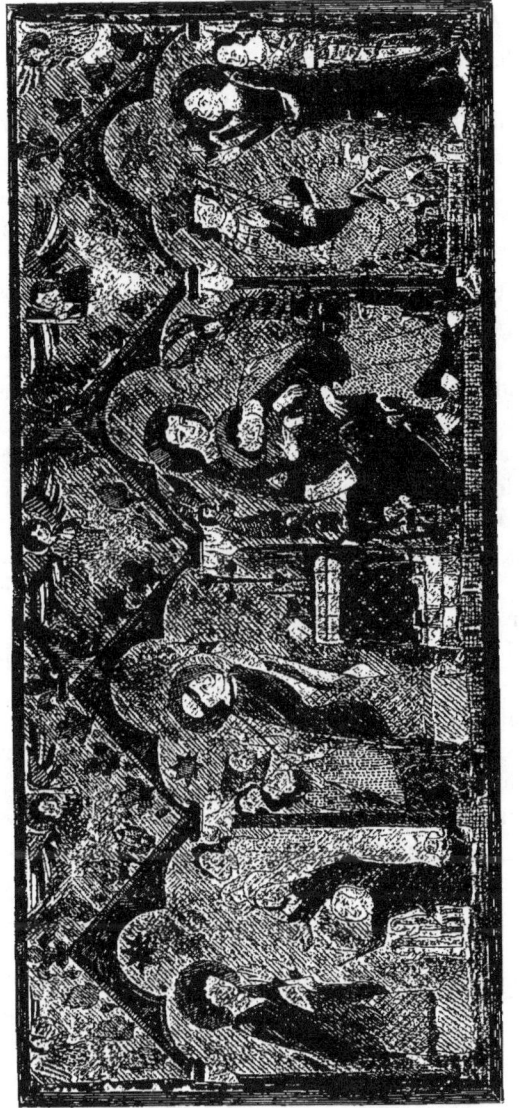

Fig. 45. — Devant d'autel en tapisserie sur canevas. (XVᵉ siècle.)
MUSÉE DE CLUNY.

au concours de ses religieuses, une tenture complète figurant le *Mariage de Mercure et de la Philologie*, destinée à décorer le chœur de sa chapelle ; et de Jeanne, abbesse de Lothen, en Westphalie, qui fabriqua de même une suite de précieux tapis, représentant la fondation du couvent qu'elle dirigeait. Ces talents étaient alors si bien appréciés même chez les plus hautes dames et les plus nobles demoiselles, que l'auteur du roman de *Berthe aus grans piés*, parlant de son héroïne, prend soin de nous informer que

N'avoit meilleur ouvrière de Tours jusk'à Cambrai.

Il semble toutefois que, pour ces vastes travaux, le métier de haute ou de basse lice ait à cette époque, au moins dans les châteaux, fait place au canevas, et que la broche ait cédé le pas à l'aiguille. Presque tous les ouvrages que nous venons de citer appartiennent, en effet, à la seconde façon de tapisserie dont nous parlons dans la première partie de ce livre, et « la tente de Bayeux » a été souvent et avec raison rangée parmi les œuvres de broderie. Les femmes du Moyen Age, cependant, ne renoncèrent pas à l'autre genre de travail, cher à Pénélope et à Hélène ; mais elles paraissent l'avoir pratiqué presque uniquement pour les ouvrages de peu d'étendue. Une curieuse miniature du xve siècle, appartenant au Musée d'art et d'industrie de Lyon, ainsi qu'une des admirables tapisseries de l'*Histoire de la Vierge*, conservée à la cathédrale de Reims, en venant attester cette persistance dans un mode de fabrication fort ancien, nous offrent les trois formes de métier alors en usage.

Dans le premier de ces deux documents, nous voyons le travail de la haute lice — comme dans l'image du métier de Pénélope — conduit de haut en bas, alors qu'une seconde figure nous montre, sur les genoux d'une ouvrière assise, un métier de basse lice en miniature, manœuvré uniquement avec les mains. Enfin, dans la tapisserie de Reims (voir fig. 46), la vierge fait usage d'un métier horizontal singulièrement primitif et sur lequel on travaillait de côté.

Quant au grand métier de haute lice, permettant d'entre-

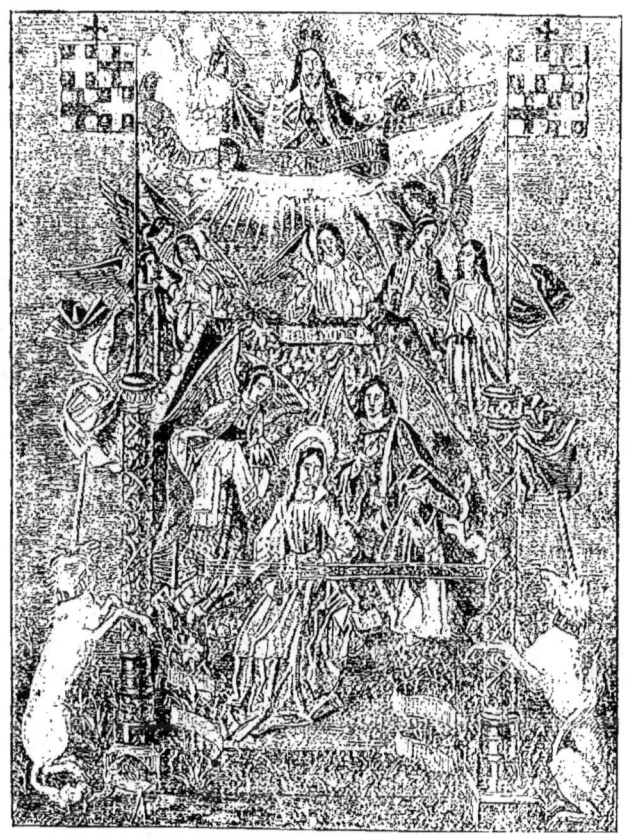

Fig. 46. — La Vierge exécutant une tapisserie, d'après un panneau de l'*Histoire de la Vierge*.
CATHÉDRALE DE REIMS.

prendre ces *tentes* et ces *draps,* c'est-à-dire ces tentures de chambre et ces panneaux qui racontaient aux yeux éblouis les histoires les plus compliquées, bien que la tapisserie du *Mariage de Mercure et de la Philologie* dont nous parlions tout à l'heure, ait été, M. Müntz l'affirme[1], exécutée à l'aide de ce procédé par les nonnes de Quedlimbourg, il semble avoir été plus spécialement l'apanage du sexe fort. Les Statuts corporatifs des tapissiers parisiens, dont il sera question au chapitre suivant, nous en fournissent la preuve.

Mais quoique limitées à des broderies sur toile ou canevas, les tapisseries brodées au Moyen Age par des mains féminines ne laissaient pas que d'affecter des dimensions considérables. Nous avons dit que la *tente de Bayeux* ne comportait pas moins de 70 mètres de développement. La « Chappelle d'escarlate » que saint Louis envoya « au grand roi de Tartarie » et sur laquelle il avait fait « tirer à l'esguille toute noustre créance, l'Anonciasion de l'Ange Gabriel, la Nativité, le Baptesme et comment Dieu fut baptizé, la Passion, l'Ascension et l'Advènement de Saint Esprit[2] », ne devait guère être moins importante. D'autres ameublements de ce genre figurent, au XVe siècle, parmi les richesses du Mobilier de la Couronne. L'*Inventaire du château du Louvre* (1418), celui du *château de Vincennes* (1420), prouvent que la « Chappelle » de saint Louis ne constituait pas un ouvrage exceptionnel; mais tous ces beaux travaux dont il ne nous est rien demeuré s'estompent dans un lointain bien indécis, et ce manque de renseignements est d'autant plus regrettable, que les plus grandes dames, ne craignons pas de le redire, les princesses, voire les reines, n'hésitaient pas à mettre la main à ces vastes ouvrages, pour lesquels les peintres les plus illustres fournissaient des dessins et des cartons.

S'il était besoin de preuves attestant cette participation auguste, elles ne nous manqueraient pas. On pourrait citer dans les *Comptes de Guillaume Brunel,* argentier de Char-

---

1. *La Tapisserie*, p. 103.
2. *Mém. de Joinville*, t. II, p. 68.

les VI (1387), des achats de canevas, de soies et de laines destinés, par la reine Isabeau de Bavière, à des travaux de cette sorte. On pourrait retrouver dans les Archives de la *Cour des comptes de Provence* la commande faite par la veuve du roi René à Jehan Guillebert, son menuisier, d'un métier servant à l'exécution de ces tapisseries brodées (1480), et signaler la présence d'un semblable métier dans l'*Inventaire de Charlotte de Savoie,* veuve de Louis XI (1483).

Avec le XVIe siècle, ces laborieuses et artistiques traditions, bien loin de s'amoindrir, ne firent que se développer et se généraliser. On peut dire qu'à tous les étages de la Société, le noble art de la tapisserie fut pratiqué avec une généreuse ardeur. Les *Mémoires de Louis de la Trémoille* nous apprennent que Gabrielle de Bourbon consacrait une partie de ses journées à ces beaux ouvrages et « y occupoit ses demoyselles, dont avoit bonne quantité, et de grosses, riches et illustres maisons ». Ronsard, dans son *Ode à la royne de Navarre,* constate que « l'art de Pallas », suivant sa poétique expression, était en grand honneur à la cour de Pau; et un *Compte de Gaillard Galland,* argentier de Jeanne d'Albret, relate les fournitures faites à cette princesse par Pierre Baboscan pour la confection d'une tenture de trois pièces mesurant 15 aunes chacune.

Ce *Mémoire* très curieux[1] ne mentionne pas seulement le prix du canevas, de la laine et de la soie nécessaires pour l'exécution de ce grand travail. Il donne encore celui du modèle, et le détail des dépenses occasionnées par les déplacements successifs qu'eut à subir cette tapisserie; car, une fois commencée, elle suivit la reine dans ses diverses résidences.

A la Cour de France, ces précieux ouvrages n'étaient pas

---

[1]. Cette pièce, provenant des Archives des Hautes-Pyrénées, a été intégralement publiée dans le *Dictionnaire de l'ameublement et de la décoration,* tome IV, col. 1208.

moins en honneur. Brantôme, dans un de ses *Discours*[1], montre Catherine de Médicis passant « fort son temps, les après disnées à besongner après ses ouvrages de soye, où elle estoit tant parfaite qu'il estoit possible ». Le brillant escadron qui entourait cette sombre reine se conformait à ses goûts et suivait son exemple. Au premier rang de cette pléiade de nobles demoiselles figurait sa fille Claude de France, à laquelle Ronsard, dans sa *Troisième Églogue,* adressait ce compliment flatteur :

> Nulle mieux sur la gaze un dessein ne compose
> De fil d'or et de soye, et nulle ne sçait mieux
> Conduire de Pallas les arts ingénieux.

Ajoutons qu'à la Cour de Lorraine, où Claude allait bientôt se rendre, la tapisserie n'était pas moins appréciée. L'*Inventaire* de la douce et tendre Louise de Vaudemont en fournit la preuve. A la mort de la veuve de Henri III, on trouva dans ses coffres, au château de Chenonceaux, « cent cinquante-quatre bandes [de tapisserie] de diverses grandeurs... faictes au gros point, sur canevaz à fond d'argent, rehaulséez d'or et d'argent ».

Mais la mort de Louise de Vaudemont (1603) nous amène au XVIIe siècle, et dès lors non seulement l'histoire de la tapisserie à l'aiguille achève de s'éclaircir, mais les spécimens se font suffisamment nombreux pour qu'on puisse avoir une idée à peu près exacte de l'esthétique qui présidait à ces sortes d'ouvrages. Déjà de la seconde moitié du XVIe siècle, nous possédons plusieurs témoignages particulièrement remarquables, notamment le bel écran du château de Pau, attribué par la tradition à Jeanne d'Albret, et surtout la double frise si curieuse, si précieuse à tous les égards, que conserve le musée de Cluny, et dont nous donnons ici même une double reproduction (voir fig. 47 et 48). Mais avec le siècle suivant ces tapisseries se multiplient.

---

1. *Dames illustres*, 2° Discours.

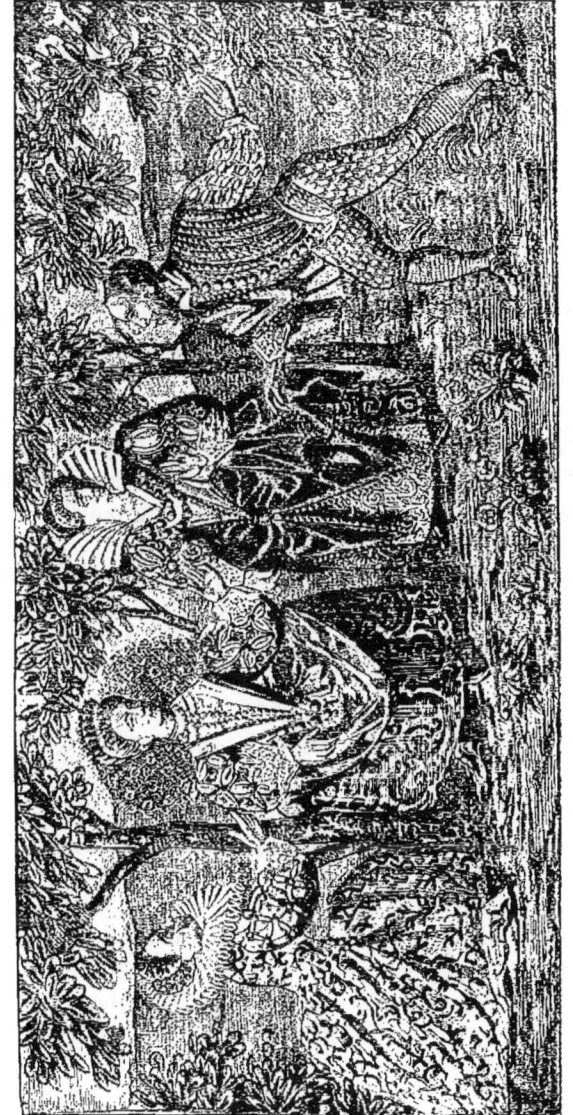

Fig. 47. — Frise en tapisserie à l'aiguille sur canevas. (XVIe siècle.)
MUSÉE DE CLUNY.

Elles encadrent les portières, ornent les lits, garnissent les chaises à bras, recouvrent les coussins, décorent les murailles, et, comme aux époques précédentes, les plus nobles dames se font un devoir de présider à ces créations charmantes.

En faut-il quelques preuves? Elles nous seront faciles à fournir.

La *Gazette de France* du 16 avril 1647, racontant la visite dont Anne d'Autriche honora l'hôtel que la duchesse de Chaulnes occupait à la place Royale, rapporte que cette princesse admira surtout « la tapisserie et l'ameublement à fond d'or rehaussé de toutes sortes de fleurs » de la chambre à coucher, « ouvrage de huit années de la duchesse et de ses filles ». Une lettre de Mme de Sévigné nous apprend que, confinée aux Rochers, cette femme illustre occupa ses loisirs à broder « deux bandes de tapisserie » que Mme de Caraman lui a fait tenir [1]. Le fidèle Dangeau consigne sur ses tablettes le présent que le duc de Bourgogne fait à la princesse sa femme d'une « cassette de la Chine, dans laquelle il y a tout ce qui peut servir aux personnes qui aiment à travailler en tapisserie [2] » ; et quant à Mme de Maintenon, qui « pendant le conseil travailloit en tapisserie, et entendoit tout ce qui se passoit entre le roi et le ministre qui parloient tout haut [3], » elle ne se contenta pas d'exécuter de ses propres mains, pour Louis XIV, « un superbe lit travaillé en soie, en or, en petites perles fines et en pierreries [4] » ; elle imposa ce goût à toutes ses élèves ; et l'on sait que la célèbre maison de Saint-Cyr, transformée par ses soins en un véritable atelier de tapisserie, donna son nom à un point d'une finesse exceptionnelle.

Sous le successeur du Grand Roi, les reines de la

---

1. *Lettres*, t. VII, p. 423.
2. *Journal*, t. VI, p. 472.
3. Saint-Simon, *Mémoires*, t. XIII, p. 131.
4. Mme *de Maintenon*, par Mme de Genlis, p. 330.

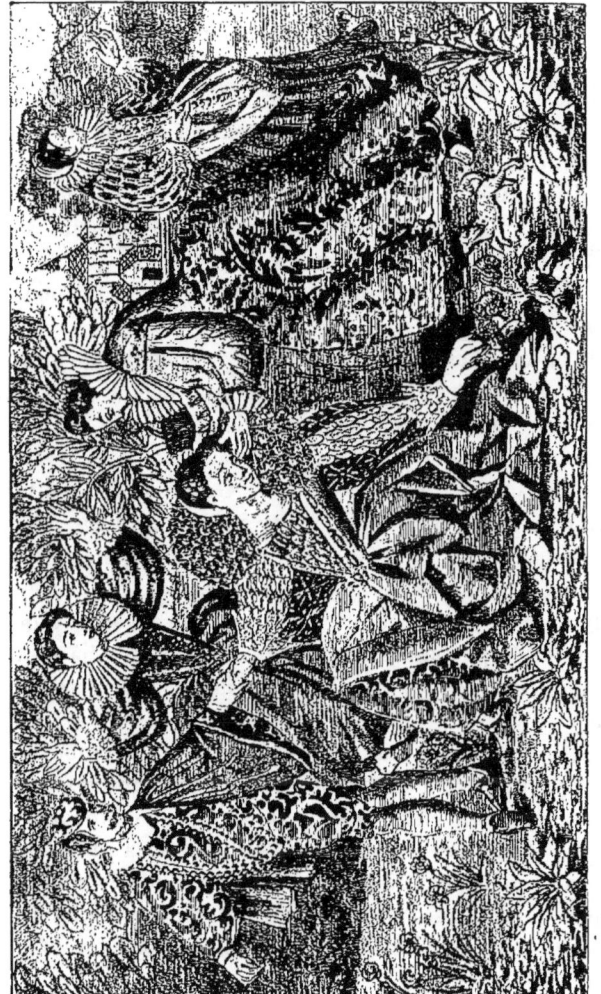

Fig. 48. — Frise en tapisserie à l'aiguille sur canevas. (XVIe siècle.)
MUSÉE DE CLUNY.

main gauche furent également très éprises de ces beaux travaux. On connaît par le marquis d'Argenson [1] la terrible « brouillerie » survenue le 17 janvier 1741 entre Louis XV et Mme de Mailly. « Tout le monde a pris goût à la tapisserie, écrit d'Argenson; Mme de Mailly elle-même s'en occupe; elle y mettoit tant d'attention qu'elle ne répondit point au roi qui lui parloit et l'interrogeoit, si bien que le roi impatienté, tirant un couteau de sa poche, coupa la tapisserie en quatre... » Ce qui rend cette vivacité de Louis XV assez étrange et peu excusable, c'est que lui-même, à cette époque, témoignait une passion très vive pour ces sortes d'ouvrages.

Ce fut, en effet, en 1741 que le roi se mit subitement à faire de la tapisserie. « Cette détermination, écrit d'Argenson, a été tellement prise à l'improviste, que ç'a été un chef-d'œuvre de courtisan de l'avoir satisfaite avec cette promptitude. On a eu recours à M. de Gesvres, dont cette occupation est la capitale. Le courrier qui alla de Versailles à Paris chercher ce qu'il falloit, métier, laines, aiguilles, ne mit que deux heures un quart à aller et venir [2]. » Bien que cette belle passion dût être de courte durée, au voyage suivant qu'on fit peu après à la Muette, il y avait déjà sept ou huit métiers occupés par les plus hauts seigneurs de la Cour [3].

Bientôt, par esprit d'imitation, la Ville et ensuite tout le Royaume participèrent à ces goûts au moins singuliers. Un certain nombre d'inventaires de ce temps nous dénoncent, chez de très nobles et très vaillants seigneurs, la présence de métiers à broder, et Poinsinet, dans cette étude de mœurs intitulée *le Cercle,* qui eut alors un si vif succès, n'hésitait pas à placer sous les yeux des spectateurs un grave colonel faisant de la tapisserie.

1. *Mémoires*, t. II, p. 206.
2. *Ibid.*, t. II, p. 203.
3. De Luynes, *Mémoires*, t. III, p. 308.

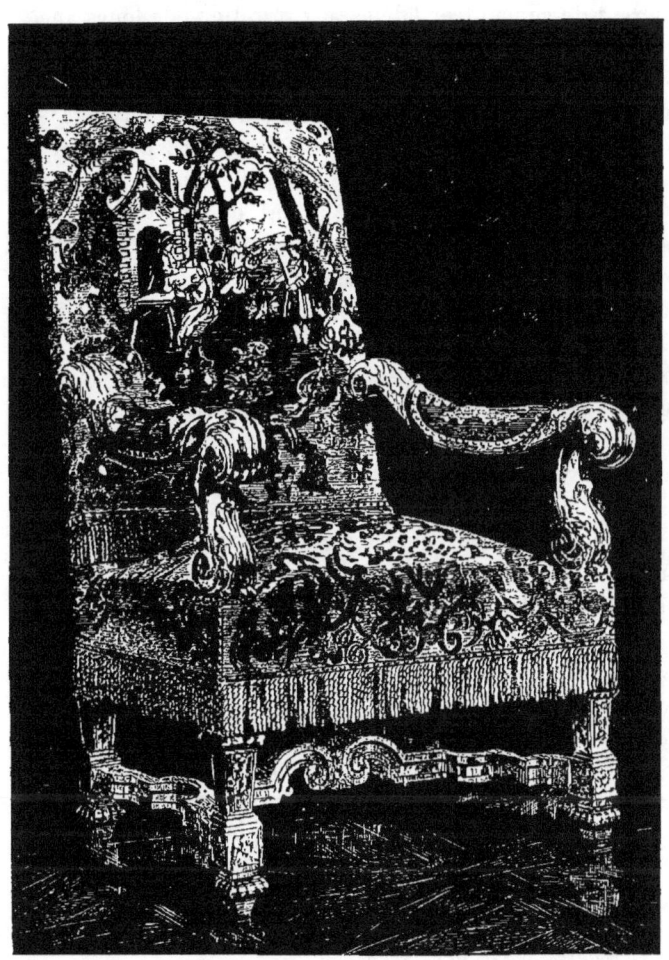

Fig. 49. — Fauteuil couvert en tapisserie au petit point.
(XVIIe siècle.)

Quant aux grandes, aux très grandes dames, elles continuèrent de se montrer fidèles aux traditions de leurs ancêtres. Le duc de Luynes nous apprend que la reine Marie Leczinska fit présent à la duchesse sa femme « d'un meuble en tapisserie avec de l'or, qui est en partie son ouvrage [1] ». Nous savons par le *Livre-Journal* de Lazare Duvaux que la Dauphine ne possédait pas moins de quatre métiers à tapisserie [2], et Mme Campan, parlant des quatre filles de Louis XV, écrit : « Mesdames rentroient chez elles, dénouoient le cordon de leur jupe et de leur queue, reprenoient leur tapisserie, et moi mon livre [3] ». Plus loin [4] Mme Campan ajoute qu' « à Trianon Marie-Antoinette entroit dans le salon sans que les métiers à tapisserie fussent quittés par les dames »; et plus loin encore elle nous apprend que sous l'Empire on voyait, « chez Mlle Dubuquois, ouvrière en tapisserie, un tapis de pied fait par la reine (Marie-Antoinette) et par Mme Élisabeth pour la grande pièce de son appartement du rez-de-chaussée des Tuileries [5] ».

La demoiselle Dubuquois, dont parle Mme Campan, était la fille d'un marchand célèbre établi d'abord, à Paris, sur le territoire de Saint-Germain des Prés, et qui, plus tard, avait ouvert un magasin rue Taranne, à l'enseigne du *Grand Villars*. Devenu par la protection de Marie-Antoinette « tapissier ordinaire du Dauphin », ce même Dubuquois organisa en 1770, rue Saint-Honoré, à l'enseigne de l'*Obélisque*, « une manufacture de tapisseries au petit point pour fauteuils, cabriolets, chaises, bergères, canapés, ottomanes, lits, écrans, chasubles et tentures ». La même année, il

---

1. *Mémoires*, t. VII, p. 321.
2. *Livre-Journal*, t. II, p. 88, 164, 214, 217.
3. *Mémoires*, p. 49.
4. *Ibid.*, p. 173.
5. *Ibid.*, p. 260. Cette tapisserie, plus vaste que belle, existe encore. Elle a été exposée en 1892 au palais de l'Industrie (*Exposition des arts de la Femme*).

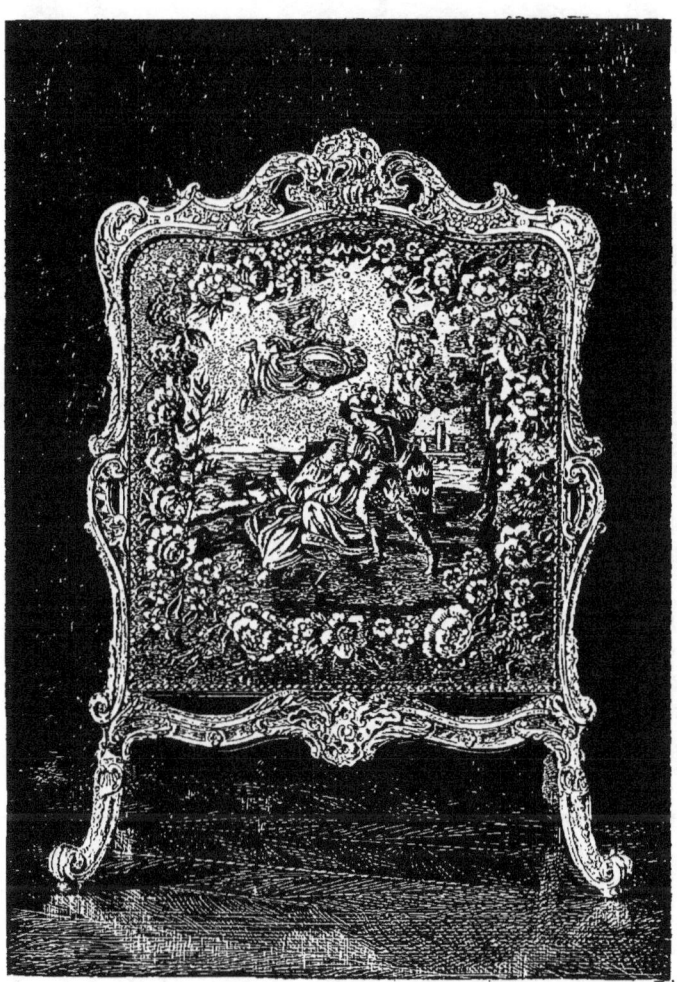

Fig. 50. — Écran en tapisserie au petit point, représentant la *France délivrée par Jeanne d'Arc*. (XVIIIe siècle.)
CHATEAU DE PAU.

faisait paraître dans l'*Avant-coureur*[1] une réclame avertissant « les dames » qui voulaient « s'occuper à exécuter les tapisseries », qu'elles trouveraient dans ce même magasin « les soies et laines convenables et des canevas de toutes sortes de qualité ».

La manufacture du sieur Dubuquois comptait à Paris un certain nombre de rivales. En outre, il existait, au XVIIe et au XVIIIe siècle, une quantité d'ouvrières libres, qui se rendaient à domicile pour aider les dames dans les grands et longs ouvrages qu'elles entreprenaient. Furetière, dans son *Dictionnaire,* écrit au mot TAPISSIÈRE : « C'est une fille qu'on prend pour faire des tapisseries à l'aiguille et qui travaille ordinairement à la journée. » L'auteur des *Mémoires de Mme de Courcelles* nous apprend que cette dame, détenue à la Conciergerie, « pour employer ses loisirs forcés », travaillait « à de la tapisserie et à d'autres ouvrages, dans lesquels elle étoit secondée par sa femme de chambre et par des ouvrières qu'elle faisoit venir du dehors ».

Ces particularités expliquent comment, jusqu'à la fin de l'Ancien Régime, on continua d'exécuter des meubles entiers en tapisserie sur canevas. Les *ventes* de Mme de Pompadour, du baron de Beaumanoir, de la marquise de Fénelon, de la duchesse de Brancas, de la duchesse de Saint-Aignan, de S. A. R. Mlle de Sens, de la marquise de Cucé, etc., par l'ampleur et la somptuosité de certains ameublements brodés au petit point, attestent, en effet, que la tapisserie à l'aiguille conserva jusqu'à la Révolution un caractère décoratif qu'elle a perdu de nos jours, et que quelques artistes habiles essayent depuis quelques années de lui rendre.

1. Numéro du 12 mars 1770.

III

LES DIVERSES COMMUNAUTÉS DE TAPISSIERS AU MOYEN AGE ET SOUS L'ANCIEN RÉGIME

Si la tapisserie à l'aiguille resta, durant tout le Moyen Age et pour ainsi dire jusqu'à nos jours, l'apanage du sexe le moins robuste, il n'en fut pas de même pour la tapisserie tissée. Il y aurait assurément témérité à affirmer que les hommes ne pratiquèrent pas ce bel art dans les temps antiques. Tout ce qu'on sait de la main-d'œuvre servile, des talents artistiques qu'on exigeait alors des esclaves, du degré d'instruction et d'habileté auquel certains d'entre eux parvenaient, donne à penser que beaucoup durent être employés à ces précieux travaux. Mais nous avons vu également la part considérable que les femmes s'étaient réservée dans leur exécution. Ce fait qu'une déesse avait excellé dans la tapisserie, avait anobli la profession. Celles qui l'exerçaient ne dérogeaient pas, non plus que les forgerons et les laboureurs à cause de Vulcain et de Cérès. Mais à partir de la chute de l'Empire, cette noble industrie changea de mains. La civilisation nouvelle, qui substitua aux dieux de l'Olympe les saints du paradis et remplaça l'antique esclavage par la main-d'œuvre libre, devait créer les corporations, maîtresses exclusives des divers métiers. Or, dès l'aurore de ces institutions, nous rencontrons des Communautés de tapissiers, et il n'est plus question de tapissières, si ce n'est pour la tapisserie à l'aiguille [1].

---

1. Il faut en effet attendre jusqu'en 1740 pour voir commencer à Aubusson une fabrication de tapis veloutés façon de Turquie, dont les femmes, qui étaient exclues de la confection des tapisseries ordinaires, furent spécialement chargées.

Le plus ancien document corporatif concernant l'industrie de la tapisserie qui nous soit parvenu dans son intégralité, est le recueil des statuts consignés sur les registres d'Étienne Boileau [1], prévôt des marchands de la ville de Paris sous le règne de saint Louis. Ces statuts divisent le métier en deux branches : 1° les TAPISSIERS SARRAZINOIS; 2° les TAPISSIERS NOSTRES.

Les TAPISSIERS SARRAZINOIS formaient la classe la plus importante et la plus distinguée des tapissiers parisiens. Et, dans leur naïf langage, ceux qui l'exerçaient proclamaient, non sans orgueil, que leur métier ne travaillait que pour les églises et les seigneurs d'un rang très élevé, comme le roi ou les comtes, c'est-à-dire que leurs produits étaient exclusivement réservés aux plus hauts personnages de l'ordre civil et de l'ordre religieux.

Le nom sous lequel on les distinguait venait de ce qu'ils fabriquaient des tapis de haute laine, analogues à ceux d'Orient. L'épithète de sarrazinois était alors indistinctement appliquée à tout ce qui présentait un caractère oriental. Un tapissier illustre du XVIIe siècle, Pierre du Pont, dont nous avons eu occasion de parler dans notre première partie (chapitre V), prétend [2] que l'art de fabriquer ces sortes de tissus aurait été révélé aux artisans français par les Sarrasins écrasés par Charles-Martel en l'an 726, et dont « quelques-uns d'iceux qui sçavoient faire de ces tapis, fugitifs et vagabonds ou possible reschapéz de la deffaite, s'habituèrent en France et, pour gaigner leur vie, commencèrent à faire et establir cette fabrique de tapis sarazinois ». Ce qui donnerait une certaine créance à cette attribution historique, c'est qu'à étudier les statuts recueillis par Étienne Boileau et à peser les termes de quelques-uns de leurs articles, il semble que,

---

1. Le *Livre des métiers* d'Étienne Boileau, publié par René de Lespinasse et François Bonnardot; Paris, Imprimerie nationale, 1879.
2. Dans son livre intitulé *la Stromatourgie* (réimpression de MM. Darcel et Guiffrey, p. 21).

même au XIIIe siècle, ce genre de travail ait constitué une sorte de secret, qu'on ne pouvait payer trop cher, et que les détenteurs de ce secret aient voulu, par la rigueur de l'apprentissage, mettre la patience et la persévérance des néophytes à une épreuve assez rude, pour empêcher que le nombre des initiés se multipliât.

L'apprentissage, en effet, ne pouvait être moindre de huit à dix ans, et le patron était autorisé à exiger de son apprenti la plus grosse somme d'argent qu'il pût obtenir. L'acte d'apprentissage était, en outre, entouré de formalités spéciales. Il devait être passé en présence de deux jurés chargés de s'assurer qu'il n'était pas dérogé à ces conditions léonines, et le patron ne pouvait laisser son apprenti « mettre main en l'œuvre » avant que le contrat eût reçu sa définitive sanction. Enfin si l'apprenti, maltraité, découragé, écœuré, venait à déserter l'atelier de son maître avant d'avoir accompli le temps convenu, non seulement il perdait par sa fuite le bénéfice de son apprentissage, mais il était interdit au patron de prendre un nouvel apprenti avant que le terme minimum de huit années fût révolu.

Pour les autres articles, ils ne différaient pas sensiblement de ceux consignés dans les statuts corporatifs ordinaires. La profession était libre, c'est-à-dire que tout le monde pouvait l'exercer, à condition de se conformer aux coutumes et aux usages de la Communauté. Il était défendu d'enseigner le métier aux femmes, parce qu'il était trop *gréveux*, c'est-à-dire trop coûteux. Le travail de nuit était interdit, à cause des malfaçons que pouvait entraîner un éclairage insuffisant. Tous les tapis devaient être tissés en bonne laine. Le nombre des ouvriers et des serviteurs n'était pas limité, mais aucun d'eux ne pouvait être engagé sans avoir prêté préalablement serment, et prouvé qu'il avait exactement et loyalement servi ses précédents maîtres. Deux jurés étaient préposés à la garde du pacte social et à la stricte observation de ses divers articles. Toute dérogation aux statuts était passible d'une amende.

Les TAPISSIERS NOSTRES jouissaient également de la liberté de leur profession. Ils pouvaient avoir deux apprentis et autant d'ouvriers qu'il leur convenait. En plus de ces deux apprentis, le maître avait le droit d'enseigner le métier à tous ses enfants nés de légitime mariage. L'apprentissage durait quatre années. Les tapissiers nostres possédaient, en outre, le privilège de teindre eux-mêmes leurs laines. Ils ne pouvaient faire usage que d'*étoffes* loyales, c'est-à-dire de textiles de premier choix, et leurs tapis devaient être d'un seul lé, c'est-à-dire d'une seule pièce en largeur. Enfin les maîtres avaient la faculté de colporter leurs ouvrages et de les vendre les jours de marché sur la voie publique.

Nous avons dit que Pierre du Pont faisait remonter l'introduction en France de la tapisserie sarrazinoise au VIIIe siècle. On ne sait pas très exactement l'époque à laquelle ceux qui pratiquaient ce genre de travail furent groupés corporativement. Nous venons d'analyser leurs statuts et règlements tels qu'ils furent recueillis par Étienne Boileau sous le règne de saint Louis; mais une requête qu'ils présentèrent à ce prince, invoque certains privilèges qu'ils tenaient de son père Louis VIII et de son aïeul Philippe Auguste. On peut donc assigner à leur premier groupement une date avoisinant 1190.

Quant aux tapissiers nostres, l'opinion présentée par le rédacteur du *Nouveau Recueil des statuts et règlements du corps et Communauté des maîtres marchands tapissiers, hautelissiers, sarrazinois, rentrayeurs, etc., de la ville, faux-bourgs et banlieue de Paris*[1], opinion que nous croyons devoir reproduire intégralement, nous paraît être assez plausible.

1. Publié à Paris en 1756.

La Communauté des tapissiers-notrez-sergiers est peut-être aussi ancienne que celle des sarrazinois, mais on ne peut l'assurer, parce qu'il est prouvé que les sarrazinois formoient un corps de Communauté sous le règne de Philippe-Auguste, ce qui ne paroît point des notrez, dont le premier statut qui soit connu est bien postérieur à ce prince, quoique antérieur à l'an 1258. Il est vrai, cependant, que les notrez sont plus anciens que les sarrazinois, si on les considère comme des particuliers qui fabriquoient certaines étoffes sans former néanmoins un corps de Communauté. Ces deux sortes de tapissiers faisoient des tapis noués, les uns à la façon des sarrazinois, ce qui les a fait surnommer sarrazinois, les autres selon notre ancienne manière de travailler, ce qui les a fait appeler notrez. Or il est évident que les anciennes coutumes d'un pays, les anciennes manières de travailler ont précédé tout nouvel ouvrage, quelque ancienneté qu'il ait acquise par la suite des temps.

Ce passage était à citer, parce que les archéologues ont beaucoup épilogué sur la signification de cette qualification de *nôtres* ou *nostres*. Les uns ont prétendu qu'elle s'appliquait à des étoffes rases, d'autres qu'elle désignait les tissus *noués,* c'est-à-dire dont la trame forme un nœud autour de la chaîne. Nous croyons avoir démontré autre part[1] que *nôtre,* en cette circonstance, était synonyme d'indigène, d'autochtone, de national. Cette opinion, on le voit, se trouve d'accord avec celle du compilateur de 1756, chargé par la corporation des tapissiers de colliger ses statuts et de retracer succinctement son histoire.

Reste à savoir ce qu'on entendait par ces tapis nationaux ? De ce que le nom de la haute lice n'est pas prononcé par Étienne Boileau, on en a conclu qu'il s'agit d'une autre sorte de tissus. Mais toutes les étoffes de soie, de laine, de lin, de chanvre, étaient déjà exploitées (le *Livre des mestiers* le prouve) par d'autres Communautés plus ou moins florissantes. En outre, le soin que prend l'auteur précédemment cité de nous révéler que les tapis nostres étaient faits à points noués, et la stipulation enregistrée par Étienne Boileau

1. *Dictionnaire de l'ameublement,* t. III, col. 1005.

qu'ils doivent être en largeur d'une seule pièce, semblent lever tous les doutes à cet égard et font penser que ces tissus étaient bien vraisemblablement des tapisseries.

Ce qui le démontre encore, c'est qu'en 1290, année dans laquelle les statuts de la Communauté furent confirmés par Pierre le Jumeau, garde de la prévôté de Paris, nous voyons qu'un « descors fut meu entre les tapiciers sarrazinois et une autre manière de tapiciers que l'on appelle ouvriers de la haute lice » ; et une addition aux statuts des sarrazinois en date du 10 mars 1303 constate que dix ouvriers de la haute lice, s'engageant « pour eux et pour tout le commun de leur mestier », avaient adhéré à leurs règlements. Or, à partir de ce moment, nous nous trouvons en face d'une seule et unique Communauté, groupant dans son sein « les maîtres et marchands tapissiers de haulte lisse, sarrasinois et rentraiture ». Qu'étaient devenus les nostres dans ce conflit? Il n'en est plus question. Ils ne formaient donc avec les haute-liciers qu'un seul groupe?

Revus et augmentés en 1295, les statuts de cette unique corporation furent refondus en 1465 par Robert d'Estouteville, prévôt de Paris, qui accorda l'homologation de 24 articles, renouvelant et confirmant les privilèges antérieurs et ajoutant diverses dispositions relatives aux apprentis, aux veuves, aux ouvriers forains, à la longueur et à la largeur des pièces, etc. Puis de nombreuses contestations suivies de procès s'étant élevées au sujet du droit de visite entre leur corporation et celle des « tapissiers, faiseurs de lits, tentes et pavillons », plus connus sous le nom de « contre-pointiers », un nouveau règlement fut édicté le 25 mars 1490 qui rétablit momentanément la paix entre les deux Communautés. Ce règlement fut confirmé par des *Lettres patentes* de Charles IX du 14 décembre 1567, qui, entre autres innovations, réglaient le choix des apprentis et rendaient l'exécution du chef-d'œuvre obligatoire pour tous les candidats à la maîtrise (à l'exception toutefois des fils de maîtres). Cette *Confirmation* aida particulièrement à la fusion des deux corps de métier qui devait s'effectuer soixante ans plus tard.

En 1621, en effet, à la suite de procès retentissants et qui semblaient devoir être interminables, une *Ordonnance royale* intervint qui décidait en principe l'union et la jonction des deux Communautés. Par trois *arrêts* des 3 juillet 1627, 7 juillet 1629 et 27 mars 1630, il fut enjoint aux maîtres de s'assembler pour dresser de nouveaux statuts sauvegardant les intérêts des diverses professions qu'ils représentaient. Ces statuts reçurent, le 25 juin 1636, l'approbation du lieutenant civil, et, sur le vu de cette approbation, le roi accorda des *Lettres patentes* qui furent enregistrées le 23 août de la même année. Cette réglementation nouvelle constitua la loi définitive sous laquelle les tapissiers de toutes sortes vécurent en paix jusqu'à la fin de l'Ancien Régime. Elle ne subit guère qu'une modification sérieuse. En 1670, le nombre des apprentis, qui avait été laissé à deux, fut réduit à un, et la durée de l'apprentissage fut portée à six années, qui devaient être suivies de trois années de compagnonnage.

A ce moment, par la création des Manufactures royales des Gobelins, de la Savonnerie et de Beauvais, la fabrication de la tapisserie de haute et basse lice avait été singulièrement compromise. Le développement exceptionnel que prit, sous l'impulsion de Colbert, le tissage des étoffes de soie, l'éclat incomparable des merveilleux tissus exécutés à Lyon par Duc et Marsollier, à Paris par le célèbre Charlier, le goût exagéré de Louis XIV et de sa Cour pour les fastueuses soieries, amenèrent peu à peu le public à se détacher de ces belles et nobles tapisseries, qui, au défaut de durer trop longtemps et de survivre aux fluctuations de la mode, joignaient celui d'exiger pour leur confection un temps considérable et, par suite du renchérissement de la main-d'œuvre, de coûter beaucoup d'argent.

IV

LA TAPISSERIE DE HAUTE LICE AVANT LE XIVe SIÈCLE

Si nous connaissons assez exactement, grâce à la législation qui régissait leur profession, les conditions dans lesquelles les tapissiers du Moyen Age exerçaient leur artistique industrie, il s'en faut de beaucoup que nous soyons aussi exactement renseignés sur la nature de leur production à ses différents périodes, sur l'existence et même sur les noms des artistes qui portèrent ce bel art à son point de perfection.

Ces incertitudes tiennent à plusieurs motifs, et en premier lieu à l'extrême facilité avec laquelle les tissus de toutes sortes sont détruits par les insectes et surtout par l'usage. L'emploi constant qu'on faisait des tapisseries, les détériorations produites par les voyages incessants qu'elles accomplissaient à la suite de leurs maîtres [1], les guerres, les incendies, l'incurie, plus funeste encore, qui faisait reléguer dans des endroits humides et mal aérés ceux de ces beaux tissus dont on ne se servait pas couramment ou qui avaient cessé de plaire; toutes ces causes n'ont laissé parvenir jusqu'à nous qu'un nombre restreint de tentures remontant au XVIe siècle, et seulement quelques rares spécimens de la fabrication antérieure au XVe siècle.

Mais ces spécimens eux-mêmes, s'il nous est loisible de raisonner sur l'époque probable de leur exécution, ne nous permettent de connaître, avec certitude, ni le lieu exact de leur fabrication, ni les noms des artistes auxquels on est redevable des modèles des scènes ou des *histoires* qu'ils re-

---

1. Voir ce que nous disons dans notre volume sur la *Menuiserie*, relativement aux habitudes vagabondes des seigneurs de ce temps.

présentent, ni ceux des tapissiers qui se chargèrent de les traduire. Les historiens prennent bien, il est vrai, le soin de nous informer qu'un certain nombre de villes durent en partie leur illustration à l'existence dans leurs murs d'ateliers justement célèbres. Arras, Paris, Tournai, Bruges, Bruxelles, Audenarde, Beauvais, Aubusson, Felletin, sont au premier rang de ces villes. Mais, en dehors de ces grands centres de production, on pourrait nommer une quantité d'autres cités comme Amiens, Blois, Bourges, Cambrai, Gisors, Limoges, Marseille, Montpellier, Tours, Nancy, Troyes, Valenciennes, etc., qui virent, au XIVe et au XVe siècle et même au XVIe et au XVIIe siècle, des ateliers s'installer dans leurs murs, y fabriquer des tentures souvent de très haut prix, puis se disperser et disparaître pour aller se reconstituer autre part.

Cette industrie, en effet, qui nous paraît, par sa nature même, encombrante et forcément sédentaire, est, au contraire, une de celles qui se déplacent avec le plus de facilité. Les tribus nomades du désert en fournissent la preuve. Au Moyen Age, le prince qui avait à ses gages des tapissiers attitrés, travaillant exclusivement pour lui, les emmenait avec ses autres serviteurs dans ses changements de résidence; et l'on rencontre assez fréquemment dans les anciens comptes des mentions de dépenses affectées à ces déplacements. En outre, quand un seigneur, un prélat, un riche bourgeois, un abbé, désirait faire tisser pour son château, sa maison, son église, une suite de tapisseries et n'avait point à sa portée d'atelier en état d'exécuter sa commande, il appelait à lui quelque artisan du dehors, et celui-ci, chargeant son matériel à dos de mulet ou sur des chariots, allait s'installer dans le manoir, l'abbaye ou la ville du personnage qui réclamait son concours.

C'est ainsi que nous rencontrons en 1413, dans le Béarn, deux hautes-liciers étrangers, Julien Barthélémy et Jean de Noyon, occupés par la reine de Navarre, et en 1430, à

Avignon, Jean Hosemant (sans doute Haussmann), tapissier de Tournai, à qui l'archevêque de Narbonne, camérier du pape, confiait l'exécution d'une chambre de tapisserie. Ces habitudes un peu vagabondes se continuèrent jusqu'au xviie siècle. Des documents récemment mis au jour nous montrent que le duc d'Épernon, à Cadillac, dans son gouvernement de Guyenne, ne procédait pas d'une autre façon, et nous savons qu'à deux reprises différentes, Henri IV d'abord et après lui Louis XIV firent venir de Flandre des ateliers complets, pour infuser un sang nouveau à la fabrication parisienne, que l'étroitesse de sa réglementation avait rendue agonisante.

Mais, même dans les villes qui demeurèrent pendant toute une suite de siècles en possession d'ateliers justement réputés, il est assez difficile de déterminer quels furent les auteurs des beaux ouvrages qui, bravant les outrages du temps et des hommes, sont parvenus jusqu'à nous. Grâce à l'*Inventaire de Charles V*, dressé en 1380 et publié par M. Jules Labarte[1], nous avons la liste à peu près complète des tapisseries que possédait ce prince fastueux. Ce document extrêmement curieux, qui renferme tout un chapitre intitulé : « Tappiz à ymages », énumère un nombre considérable de « suites » représentant des sujets sacrés et profanes. Dans cette longue liste, qui serait digne d'être recopiée intégralement, la *Passion de Notre-Seigneur,* la *Vie de saint Denis,* celle de *saint Théséus,* les *Sept Sciences de saint Augustin,* les *Faits et Batailles de Judas Macabeus,* etc., alternent avec les *Douze Mois de l'an,* la *Fontaine de Jouvence,* la tenture des *Dames qui chassent et volent,* les *Ages des gens,* l'*Histoire de Godefroid de Bouillon,* etc. Nous savons, en outre, que la majeure partie de ces magnifiques ouvrages avait été fournie au roi par deux tapissiers parisiens, dont les historiens ont retrouvé les noms et célébré

1. *Inventaire du mobilier de Charles V, roi de France,* Imprimerie nationale, 1879.

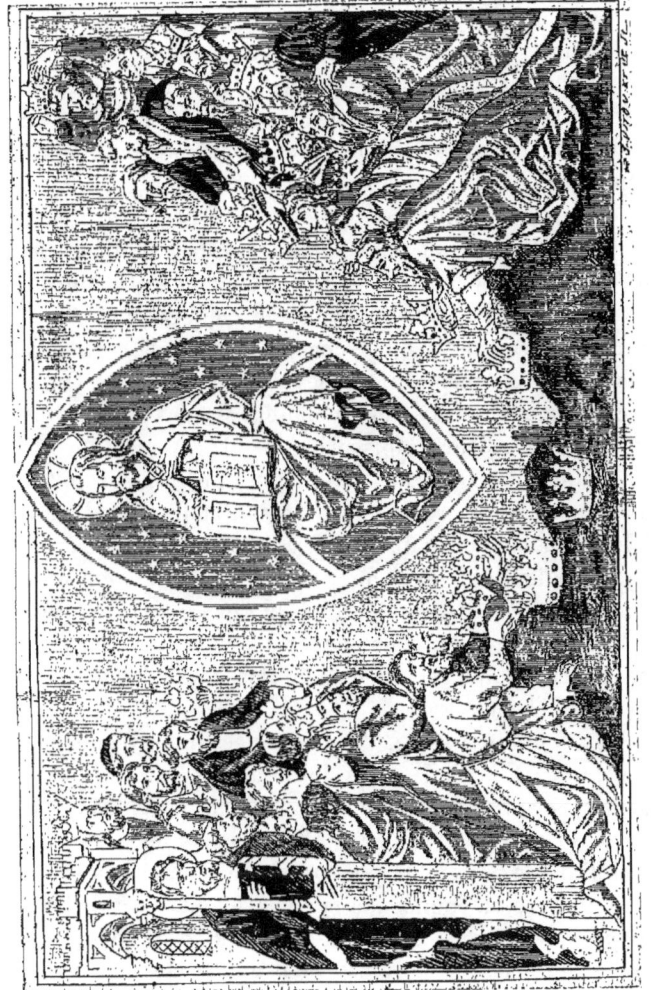

Fig. 51. — Fragment de l'*Apocalypse*, tapisserie de haute lice du XIVe siècle.
CATHÉDRALE D'ANGERS.

les mérites, par Jacques Dourdin et Nicolas Bataille. Mais il nous est impossible de savoir si ces deux chefs de maison, devenus, grâce à ces fournitures, presque célèbres, mirent la main à ces belles tapisseries, si au contraire ces tentures furent tissées simplement sous leur direction et dans leurs ateliers, ou s'ils les firent fabriquer au dehors et même par des artisans étrangers à leur ville.

Les livraisons nombreuses que Dourdin fit en 1403 à la duchesse de Bourgogne, pour les couches de la comtesse de Rethel, sa belle-fille, comprennent, en effet, une quantité de tissus variés qui ne peuvent avoir été confectionnés dans un seul établissement. La provenance exotique de certaines de ces étoffes est même indiquée dans son *Compte*. On y trouve notamment des soieries italiennes, des serges de Bruxelles et plusieurs tapisseries de fil d'Arras. On en peut conclure que Dourdin était plutôt un marchand qu'un producteur. Il est à croire que Nicolas Bataille se trouvait dans le même cas, et ce qui donne à cette opinion une consistance particulière, c'est que, tous deux, ils étaient non seulement les fournisseurs attitrés du roi de France et de la cour de Bourgogne, mais encore des plus hauts personnages de leur temps, et notamment des ducs d'Anjou, de Berry et d'Orléans.

M. Champollion-Figeac, dans un de ses intéressants ouvrages[1], nous fournit la liste des tentures qui, en 1403, ornaient les appartements de l'hôtel habité à Paris par les ducs d'Orléans. M. Jules Guiffrey, dans une étude sur Nicolas Bataille[2], a établi que c'est à ce fameux tapissier que Louis d'Anjou commanda la célèbre tapisserie de l'*Apocalypse* que possède encore la cathédrale d'Angers (voir fig. 51) et qui passe avec raison pour un des chefs-d'œuvre de ce temps. Nous savons, enfin, que Jacques Dourdin livra à Isabeau de Bavière toute une collection de suites

1. Voir *Louis et Charles, ducs d'Orléans*, 1re partie, p. 248 et suiv.
2. Voir *Nicolas Bataille, tapissier parisien*.

magnifiques représentant l'*Histoire de Charlemagne,* la *Destruction de Troie,* l'*Histoire de Dourdon,* etc. Une pareille quantité de tapisseries, aussi précieuses, aussi longues à tisser, peut-elle avoir été fabriquée dans deux ateliers ? Cela semble peu probable.

Ce qui augmente encore l'indécision, c'est qu'aucun de ces beaux tissus ne porte de marque, de signe, d'indice capables de faire connaître son lieu de provenance. Il faut, en effet, attendre les années 1538 et 1544 pour que les maîtres tapissiers se voient imposer, par une suite de règlements, l'obligation de tisser dans les bordures de leurs pièces les armoiries de leurs villes ainsi que leurs monogrammes. Parfois, il est vrai, certains donateurs ou certains fabricants avaient pris soin de constater par des inscriptions détaillées l'origine de ces beaux ouvrages. C'est ainsi qu'on relevait, sur une tapisserie que le chanoine Toussaint Prieur offrit en 1402 à la cathédrale de Tournai, cette inscription curieuse :

> Ces draps furent faicts et achevés
> En Arras par Pierot Frévès,
> L'an mil quatre cent deux,
> En décembre, mois gracieux.
> Veuillez à Dieu tous saints prier
> Pour l'âme de Toussaint Prier.

Mais de pareilles mentions constituaient un fait exceptionnel, et, pour la généralité des tentures antérieures au xvie siècle, il faut bien reconnaître que les attributions reposent uniquement sur des conjectures.

Ajoutons que de très curieux documents, dont nous avons pu prendre connaissance aux archives d'Audenarde et à la Bibliothèque royale de Bruxelles, — documents relatifs aux troubles que la Réforme provoqua dans les Pays-Bas, — il résulte que, même au xvie siècle, les plus belles tapisseries étaient tissées dans des ateliers ignorés, par des artisans très modestes. Chaque semaine ces artisans, qui logeaient le plus souvent dans les faubourgs, parfois même dans d'humbles villages des environs, venaient toucher des acomptes chez d'autres tapissiers, ceux-là véritables entrepreneurs, qui fournissaient, en même temps que les commandes, les modèles et les « étoffes », c'est-à-dire les fils de chaîne, les laines teintes et tout le matériel nécessaire. Ces allées et venues provoquées par ce travail à façon occasionnaient un mouvement si considérable, que les jours de paye on était obligé de tenir les portes de la ville ouvertes beaucoup plus longtemps qu'à l'ordinaire. Est-il téméraire de supposer que ce qui était d'un usage général à Audenarde, à Bruxelles, à Tournai, se passait également à Arras et à Paris?

Bien mieux, il arrivait souvent que les modèles, les *patrons,* comme on disait alors, étaient livrés aux tapissiers par ceux-là mêmes qui leur donnaient la commande. En 1516 le Magistrat de Lyon, voulant orner son hôtel de ville de tapisseries, députait un de ses bourgeois, Jean Laurideau, mercier de sa profession, avec mission de porter à Audenarde le modèle d'une tenture de 61 aunes et d'en négocier l'exécution. Vers le même temps Léon X expédiait à Pierre Van Aelst, de Bruxelles, les cartons de Raphaël représentant la suite merveilleuse connue sous le nom des *Actes des apôtres*. En 1532 François Ier envoyait Le Primatice à Bruxelles pour porter un « petit patron » de la tenture de *Scipion l'Africain,* et rapporter le « grand patron » de cette même tenture, qui venait d'être achevée. Pierre Van Aelst ne mit que quatre années pour traduire en tapisserie, avec une maîtrise et une finesse remarquables, la série des *Actes des apôtres,* presque aussi considérable que l'*Histoire du roi* à laquelle les Gobelins, au siècle suivant, consacrèrent dix années, et qui de nos jours ne pourrait être achevée, par ces mêmes ateliers, en moins de quarante ans. Est-il croyable que Van Aelst ait pu seul, et sans collaboration, mener à bien une pareille tâche dans un temps si court?

Enfin il ne faut pas oublier que pendant plus de cinq siècles les principales manufactures de tapisserie ne cessèrent pas, pour ainsi dire, de se copier les unes les autres. Dès qu'un modèle avait réussi, on était à peu près certain de le voir reproduit par les ateliers des autres villes. C'est ainsi que les cartons de Raphaël dont nous parlions à l'ins-

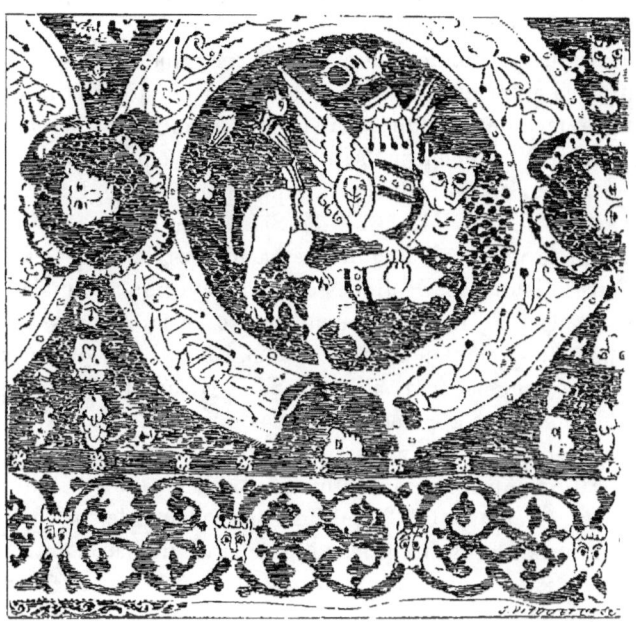

Fig. 52. — Fragment de la tapisserie de Saint-Géréon de Cologne.

tant furent tissés à nouveau en Angleterre et en France, que les *Belles Chasses du duc de Guise,* exécutées au XVIe siècle à Bruxelles, furent remontées au XVIIe sur les métiers des Gobelins, et que dans l'*Inventaire du cardinal de Mazarin* nous relevons la description d'une « tenture de tapisserie, fabrique d'Audenarde, *patron d'Amiens,* représentant un paysage et des oiseaux, » etc.

On s'explique mieux, après ces quelques observations, comment les débuts de cet art si délicat et si charmant présentent des obscurités en quelque sorte fatales, et ces détails font mieux comprendre la difficulté que l'historien éprouve à démêler le passé compliqué et forcément mal connu d'une profession dont la pratique est restée mystérieuse, en dépit de la passion que les écrivains spéciaux ont apportée dans leurs recherches.

On nous pardonnera donc de glisser rapidement sur les ouvrages antérieurs au xive siècle, dont l'histoire et la nature même sont quelque peu sujettes à caution. Nous nous bornerons à rappeler que saint Angelme, évêque d'Auxerre, fit exécuter en 840 plusieurs tapis pour son église; que vers 985 Robert III, abbé de Saint-Florent de Saumur, commanda un grand nombre de garnitures de sièges et de tentures historiées, destinées à son abbaye; qu'au xie siècle on signale à Poitiers une manufacture de tapisseries dont les produits semblaient alors « admirables »; et que vers le même temps Jervin, abbé de Saint-Ricquier, faisait tisser des tentures appelées à orner son monastère.

Au siècle suivant, nous signalerons le grand travail de décoration entrepris par Mathieu de Loudun, abbé de Saint-Florent, à Saumur (1133), qui enrichit le chœur de son église de tentures représentant les vingt-quatre vieillards de l'Apocalypse, et la nef de panneaux où des animaux féroces étaient figurés. Vers la même époque on trouve la fabrique de Limoges mentionnée dans le roman d'*Érec et Énide*. On attribue également au xiie siècle la tenture conservée autrefois à l'abbaye de Murbach, en Alsace, représentant l'empereur dotant les abbés de ce monastère de privilèges importants, et qu'un inventaire du xve siècle déclarait très ancienne et de très grand prix; les tapisseries du dôme de Halberstadt, dont le caractère décoratif est si magistral, et qui comportaient deux parties mesurant chacune 14 mètres de long; enfin la tapisserie de Saint-Géréon de Cologne (fig. 52), dont les fragments, dépecés par le chanoine Bock, ont été acquis par le musée de Lyon, le musée de Nuremberg et le South Kensington, et que M. Darcel déclare [1] ne pouvoir être postérieures à l'année 1200, etc. Ces différents ouvrages et nombre d'autres moins fameux que nous pourrions citer, s'ils ne suffisent pas à jeter une lumière bien vive sur l'histoire de la tapisserie en ses commencements, suffisent du moins à prouver que la haute lice, connue des Égyptiens, des Perses, pratiquée couramment en Grèce et à Rome, n'a jamais cessé d'être en honneur depuis l'occupation romaine dans la partie occidentale de l'Europe, et qu'elle n'a pas, comme certains auteurs le pensent, été réinventée après 1250, ou importée de nouveau chez nous à cette époque, par des Croisés revenant de leurs lointaines expéditions.

Avec le xiiie siècle le vocabulaire de l'ameublement s'enrichit d'une foule de termes qui attestent le rôle important que les tissus de prix vont jouer désormais dans l'ornementation intérieure. Les *tentes* ou tentures d'appartement, les *courtines* ou rideaux de lit, de fenêtres et portières, les *poeles* ou *dais,* les *banquiers* servant à couvrir les sièges et les *dosserets,* à orner leurs dossiers, les *tapis* de pied, de lit, etc., abondent dans les récits et les inventaires.

Ce que les textes de ce temps nous apprennent aussi, ce sont les sujets représentés de préférence par ces curieuses tentures. L'Ancien et le Nouveau Testament tiennent naturellement le premier rang, mais l'Histoire Ancienne et même la Mythologie commencent à se manifester dans ces beaux ouvrages, et correspondent au mouvement littéraire qui se produit alors. Les renseignements sur les lieux de production et sur les producteurs demeurent, toutefois, insuffisants. L'abondance même des informations incomplètes ou contradictoires, la multiplicité des termes nouveaux sous

---

1. *Gazette des beaux-arts*, 1877, t. II, p. 273.

lesquels on désigne les étoffes historiées, au lieu d'éclaircir la question, l'obscurcissent et la compliquent. Comme le dit fort bien M. Muntz[1] : « En thèse générale, on a de la peine, pour le XIIIe siècle, à distinguer les broderies, les brocarts, les velours, des tapisseries proprement dites »; et l'on est forcé de reconnaître, avec M. Francisque Michel[2], que « si l'on voulait distinguer l'œuvre du métier de celle du peintre à l'aiguille, on trouverait peut-être des obstacles insurmontables à établir une pareille distinction ».

1. La *Tapisserie*, p. 102.
2. *Recherches sur les étoffes de soie, d'or et d'argent*, t. II, p. 383.

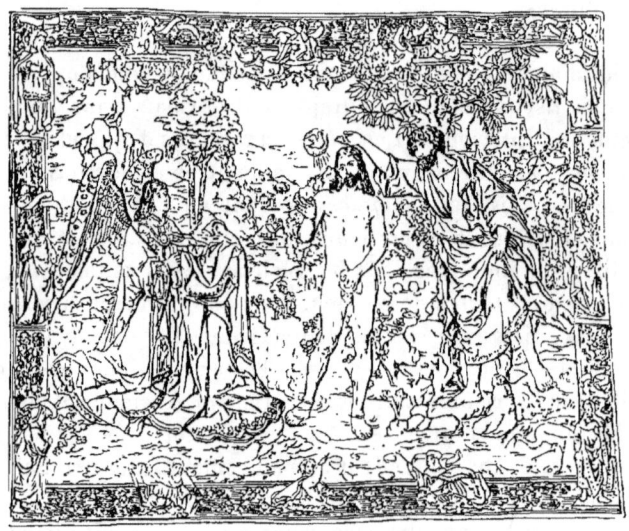

Fig. 53. — *Le Baptême du Christ*, tapisserie flamande. (XVe siècle.)

V

LA TAPISSERIE AU XIVe ET AU XVe SIÈCLE
PARIS ET ARRAS

A partir du XIVe siècle nous percevons progressivement le mystère qui, jusqu'alors, a entouré cette belle et artistique industrie, et l'on voit les grandes lignes de son histoire se dégager d'une façon sinon très nette, du moins plus précise. Ce n'est pas toutefois que, pendant la première moitié de ce siècle, les documents se fassent beaucoup plus abondants. « Quelques noms de tapissiers, quelques sujets de tentures, voilà tout ce qu'un travail considérable de recherches dans les archives a produit jusqu'à ce jour, et il est peu probable que beaucoup de faits nouveaux s'ajoutent désormais à la récolte obtenue[1]. » Nous sommes, par conséquent, encore réduits à la portion congrue; mais la production qui se concentre dans deux grandes villes et qui, pendant un siècle et demi, va se résumer dans la lutte industrielle de deux centres principaux, prend un caractère plus décidé et revêt des allures moins incertaines. Paris et Arras, en effet, conserveront pendant tout le XIVe et la première moitié du XVe siècle une suprématie évidente et justifiée.

De ces deux groupes de fabrication, le second est demeuré de beaucoup le plus célèbre, sans qu'on puisse expliquer d'une façon bien plausible les raisons qui ont décidé de ce surcroît d'illustration. Le nom d'Arras, en Italie et en Angleterre, a été pendant longtemps le synonyme de belle et riche tapisserie, — privilège dont les Gobelins ont

---

[1]. Guiffrey, *Histoire de la tapisserie*, p. 25.

hérité depuis un siècle. En outre, certains écrivains locaux, et non des moindres, ont apporté une sorte de patriotique jalousie à exalter la production artésienne et flamande, aux dépens de la fabrication parisienne, sans se souvenir qu'à cette époque, si Paris était la capitale du Domaine royal, la Flandre et l'Artois relevaient de la Couronne de France. Nous éviterons, pour notre part, de passionner inutilement le débat. Nous reconnaîtrons sans hésitation que la fabrication d'Arras justifia amplement sa grande renommée, et nous ajouterons qu'elle dut en partie son étonnante prospérité à la protection éclairée des princes qui gouvernèrent cette riche province.

Au premier rang de ces protecteurs, il faut chronologiquement placer la comtesse Mahaut d'Artois, fille de Robert II, qui, mariée dès 1291 avec le comte de Bourgogne Othon IV, occupa une situation politique considérable, dans laquelle elle sut, du reste, faire preuve de qualités éminentes. Jusqu'à sa mort, advenue en 1327, Mahaut s'appliqua à aider à la fortune de ses sujets, en développant les industries capables de prospérer dans ses États. Les tapissiers, naturellement, eurent une large part à ses encouragements, et, grâce aux recherches de M. le chanoine Dehaisne et du regretté M. Pinchart, on a pu retrouver de nombreuses commandes faites par cette intelligente princesse aux tapissiers d'Arras.

Après la mort de Mahaut, Jeanne Ire et Jeanne II continuèrent d'assurer leur protection aux tapissiers artésiens; et quand le mariage de Marguerite d'Artois avec Louis de Male eut amené la réunion de l'Artois au comté de Flandre, quand, plus tard, la fille de Louis de Male eut fait entrer cette province, avec la Flandre et le Nivernais, dans le domaine de la maison de Bourgogne, cette bienveillance ne s'attiédit pas, et, à l'exemple du duc souverain, tous les grands personnages de la Cour favorisèrent les tapissiers d'Arras d'importantes commandes.

On connaît les noms de quelques-uns de ces artistes privilégiés. Nous citerons notamment, au XIVe siècle, Jehan de Jaudoigne (1374); Vincent Boursette (1375); Jean Lamoury (1376); Jehan Gosset ou Cosset, valet de chambre

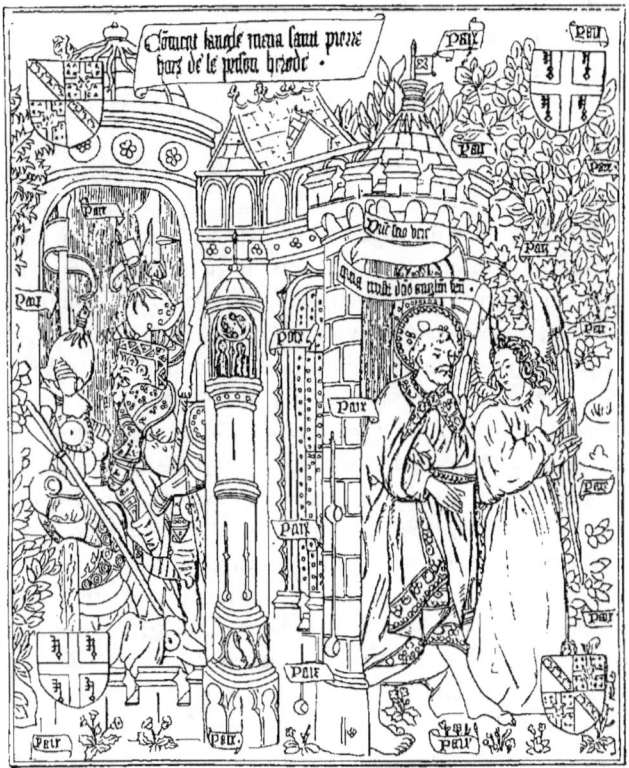

Fig. 54. — La *Délivrance de saint Pierre*, tapisserie française du XIVe siècle
MUSÉE DE CLUNY.

et tapissier du duc (1383-1405); Jean ou Jacquemard Davion (1384-1406), Hugues ou Huart Walois (1384-1408); Michel Bernart (1385-1391); Pierre le Conte (1386); Jehan des Croisettes (1389); Philippe Englentier (1390-1401); Philippe de Vingne (1390); André de Monchi (1391); Colart d'Anchy ou d'Inchy (1398), etc. Pendant toute cette glorieuse période, les ducs de Bourgogne, à la fois magnifiques et généreux, aidèrent à rendre européenne la réputation des tapissiers artésiens, en envoyant en cadeau aux princes les plus illustres de ces magnifiques « draps d'Arras » dont ils tiraient vanité. Après la bataille de Nicopolis (1390), Philippe le Hardi paya une partie de la rançon du comte de Nevers et des seigneurs français prisonniers de Bajazet, en tapisseries de haute lice représentant l'*Histoire d'Alexandre*.

Si l'on est curieux de savoir quels ouvrages sortaient des ateliers de ces artisans d'élite, les Archives du département du Nord et celles du royaume de Belgique nous fourniront un certain nombre de mentions dignes d'être retenues. Huart ou Hugues Walois tissait des *Bergeries* « ouvrées à brebis »; Jean ou Jacquemard Davion, des *Pastorales*, des *Bosquets à personnages lançant des rinceaux*. Jean Cosset donnait la préférence aux scènes historiques. Ses métiers tissèrent l'*Histoire de Froimont de Bordiaux*, l'*Histoire de Guillaume d'Orange*, l'*Histoire de saint Georges*, l'*Histoire des vices et des vertus*, le *Couronnement de Notre-Dame*, le *Roman de la rose*, l'*Histoire du roi de France et de ses douze pairs*. A Pierre le Conte on doit attribuer l'*Histoire du roi Pharaon et de la nation de Moïse*; à André de Monchi, l'*Histoire de Perceval le Gallois*, l'*Histoire d'Amis et Amiles*, l'*Histoire de Déduit et de Plaisance, ainsi qu'ils sont en gibier*, etc.

L'admirable réussite de ces ateliers de tapisserie n'est pas, au surplus, pour nous surprendre. Les pays flamand et wallon étaient supérieurement préparés à la mise en œuvre de ces beaux tissus, par la longue pratique de la filature et du tissage. Aussi l'exemple d'Arras ne manqua-t-il pas d'imitateurs. Dès 1340 Bruxelles possédait une Communauté de tapissiers. En 1352 nous rencontrons des ateliers de haute lice établis à Tournai. Nous en voyons apparaître en 1364 à Valenciennes, et quelques années plus tard à Lille et à Douai. Mais ces différents lieux de production étaient alors éclipsés par les ateliers d'Arras et par ceux de Paris, dont l'histoire — bien qu'elle ait été à peu près ignorée jusqu'en ces temps derniers, et passée sous silence par la plupart des écrivains spéciaux — n'en est pas moins extrêmement glorieuse.

Les *Registres de la taille* dressés en 1292 signalent, en effet, 24 maîtres tapissiers établis dans la capitale; ceux de 1313 en comptent 27, parmi lesquels un certain nombre jouissaient d'une réputation méritée. Tels étaient Eustache de Reims, Jean de Paris, Nicolas de Chesle, Jean Le Petit, et surtout Denise, demeurant rue de la Verrerie, qui portait le titre de tapissier du roi. Durant les années suivantes, nous relevons les noms de Jehan ou Jehannot de Saint-Denis, également tapissier du roi (1316); d'Amaury de Goire, tapissier du duc de Normandie (1348); de Philippe Doger, tapissier du roi et du Dauphin, qui travailla aussi pour Louis de Bourbon et pour le comte d'Étampes (1352); de Clément Maçon, tapissier du roi et de la reine (1352); de Pierre de Beaulmetz, valet de chambre et tapissier du duc de Bourgogne, auteur d'un chiffre considérable de tapisseries appréciées (1384); enfin ceux de Colin, Colas ou Nicolas Bataille, et Jacques ou Jacquet Dourdin (1385), tous les deux illustres parmi leurs pairs et jouissant d'une renommée européenne.

Et en effet, si les tapissiers d'Arras étaient appréciés par la haute clientèle de ce temps, il faut bien reconnaître que ceux de Paris n'étaient pas moins goûtés. Les princes bourguignons eux-mêmes, bien qu'ils eussent un intérêt indiscutable à favoriser leurs sujets de commandes importantes, étaient forcés, pour les ouvrages de grand luxe et d'un caractère artistique très relevé, de s'adresser aux tapissiers parisiens. « Il résulte de l'examen des comptes des ducs de Bourgogne, écrit M. Boyer de Sainte-Suzanne[1],

1. *Les Tapisseries françaises, notes d'un curieux*, p. 109.

qu'au xive et au xve siècle, la fabrication de Paris tenait en échec les fabriques d'Arras. Les acquisitions faites à Paris sont plus fréquentes, et les prix plus élevés qu'à Arras. C'est ainsi que dans un espace de cinquante-huit ans (1375-1402)[1], Philippe le Hardi, Jean sans Peur et Philippe le Bon achetèrent 65 tentures à Paris et 43 à Arras. La réputation d'Arras est si bien établie, ajoute M. Boyer de Sainte-Suzanne, que nous avons cru tout d'abord qu'il s'agissait de tapisseries d'Arras achetées par l'intermédiaire de marchands de Paris, bien que ce fût peu logique, attendu que le duc de Bourgogne avait intérêt à acheter directement à ses sujets à Arras. Mais tout doute est levé par un extrait du compte de Pierre de Beaulmetz, le fournisseur des ducs, qui prouve que sa tenture, bien que de fil d'Arras, a été tissée par lui à Paris, et que la pièce est mesurée à l'aune de Paris. »

En 1403, quand la comtesse de Rethel, belle-fille du duc de Bourgogne, fut à la veille de faire ses couches, sa belle-mère, Marguerite de Flandre, femme de Philippe le Hardi, voulut, par affection pour elle, se charger de tout l'ameublement et de toutes les fournitures que nécessitait l'heureux événement si vivement attendu. Or, ce n'est point à un tapissier de Bruxelles, ce n'est pas à un maître d'Arras, que s'adressa la princesse; c'est au fameux Jacques Dourdin, dont on a retrouvé le mémoire de fourniture.

Ce qu'étaient les beaux tissus livrés par ces tapissiers renommés, nous le savons exactement grâce à quelques spécimens d'un prix inestimable, datant de cette époque même, et aussi par les *Comptes* et les *Inventaires* très nombreux et très détaillés du xive siècle qui nous ont été conservés. Le plus important, de beaucoup, des spécimens dont nous entendons parler, c'est la fameuse tenture de l'*Apocalypse* d'Angers

---

[1]. M. B. de Sainte-Suzanne écrit : « un espace de vingt-huit ans ». Il y a là certainement une erreur de plume.

(voir fig. 51), exécutée par Nicolas Bataille d'après les cartons de Jean de Bruges, peintre ordinaire de Charles V,

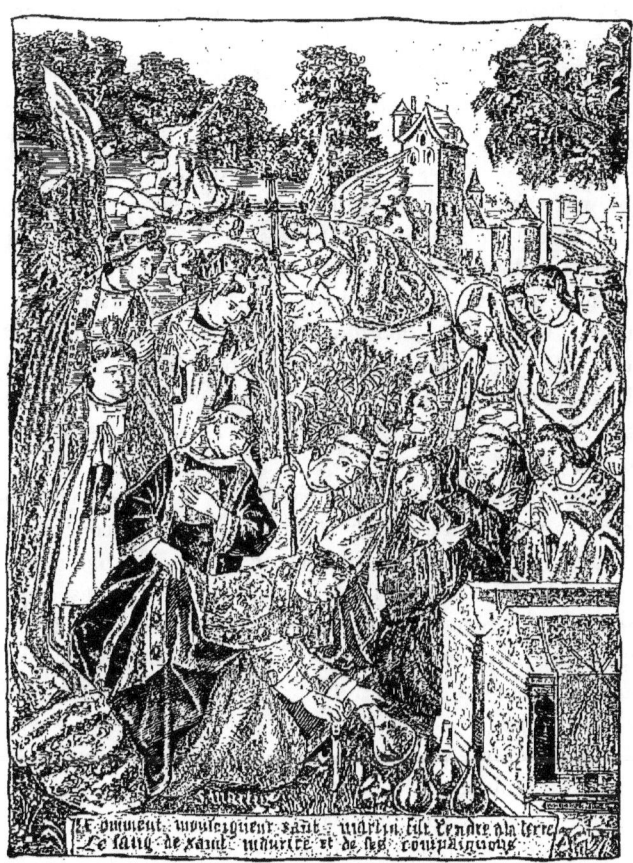

Fig. 55. — *Saint Martin recueillant le sang de saint Maurice*, tapisserie française du xve siècle.
CATHÉDRALE D'ANGERS.

et au sujet de laquelle les registres de la trésorerie du duc d'Anjou abondent en détails du plus haut intérêt.

Une monographie très savante de M. L. de Farcy, dans

laquelle cette belle tenture se trouve étudiée avec tout le soin qu'elle mérite, et à laquelle nous renvoyons le lecteur, nous dispensera d'une description détaillée. Nous nous bornerons à rappeler qu'à l'origine, la suite complète se composait de six pièces[1] et que chaque panneau, d'une longueur approximative de vingt-quatre mètres, comprenait quinze sujets. Notre figure 51, qui donne la représentation d'un des premiers sujets, fera juger de la façon dont sont comprises ces belles décorations religieuses.

Il ressort en outre des *Comptes du duc d'Anjou* que Nicolas Bataille livra trois pièces de cette magnifique tenture en deux années, et que chaque frise, comportant quinze sujets, était payée 1,000 livres. On est vraiment stupéfié de voir avec quelle rapidité, en ces temps lointains, les tapissiers, n'ayant pourtant à leur disposition que des moyens restreints, arrivaient à mener à bien les ouvrages les plus considérables.

Le second spécimen, qui appartient actuellement aux Gobelins, auxquels il a été offert par M. Léon y Escosura, s'il ne comporte pas la même importance, n'en offre pas moins, lui aussi, un très réel intérêt. L'ordonnance en est ingénieuse; les figures en sont dessinées avec soin; la disposition des personnages sur un même plan et se détachant sur un jeu de fond conventionnel, rappelle les beaux manuscrits de l'époque. Tout se réunit pour dater bien exactement cette œuvre précieuse; malheureusement nous ignorons non seulement le nom de son auteur, mais si elle a été fabriquée à Arras ou à Paris.

Quant aux documents qui, nous l'avons dit, jettent une lumière assez vive sur la production parisienne au xive siècle, outre les *Comptes de Louis d'Anjou* mentionnés plus haut, nous pouvons citer les *Comptes de l'argenterie des rois de France,* qui relatent de nombreuses commandes; l'*Inventaire de la reine Clémence de Hongrie,* veuve de Louis le Hutin, où l'on trouve la mention de tentures de chambres figurant des sujets de chasse; l'*Exécution du testament de la reine Jehanne d'Évreux,* où l'on compte, entre autres tapisseries, vingt et une tentures de l'ouvrage d'Arras et de celui de Paris; les *Comptes des ducs de Bourgogne,* attestant que dans une période de douze années Jacques Dourdin fournit à Philippe le Hardi une quinzaine de tentures représentant l'*Histoire de Marimet,* la *Conquête du royaume de Frise par Aubri le Bourguignon,* les *Adieux de Gérard de Frise à sa mère et à sa sœur,* la *Bataille entre l'empereur de Grèce et le roi de Frise,* l'*Histoire de la conquête de Babylone par Alexandre le Grand,* les *Souhaits d'amour,* la *Mort de la Vierge,* etc. Enfin il ne faut pas oublier le célèbre *Inventaire de Charles V* dressé en 1380, dont nous avons parlé dans notre précédent chapitre, et qui dépasse en somptuosité tout ce qu'on peut imaginer.

On pourrait croire que Charles VI, entrant en possession de cette collection merveilleuse de tapisseries hors ligne, se trouva satisfait de posséder un pareil trésor, et renonça à l'augmenter par des acquisitions nouvelles. Il n'en fut rien. Ce jeune prince, s'il ne montrait pas le goût délicat, raffiné, du roi son père et de ses oncles les ducs d'Anjou, de Berry et de Bourgogne, pour les œuvres d'art, du moins aimait comme eux la magnificence. De 1387 à 1400, il acheta à Nicolas Bataille plus de 250 pièces de tapisserie, et, parmi les suites qu'il demanda à son tapissier préféré, il en est une qui surtout mérite de n'être pas passée sous silence. C'est celle qui devait perpétuer le souvenir des tournois et des réjouissances qui avaient eu lieu à Saint-Denis, en 1389, pour célébrer la réception du roi et de son cousin Louis II d'Anjou dans l'ordre de la Chevalerie.

Une autre œuvre de ce même temps tout aussi considérable, et dont il nous faut dire également quelques mots, c'est la pièce gigantesque représentant la *Bataille de Rosebecque.* Exécutée en moins de quatre années par Michel

Bernard d'Arras, elle fut payée par le duc de Bourgogne 2,600 francs d'or, et couvrait environ 285 mètres carrés. « On conçoit, écrit M. Guiffrey[1], de quel poids devait être cette énorme pièce et quelles difficultés pour la transporter. » Aussi quinze ans à peine après son exécution, son possesseur Philippe le Hardi se vit-il forcé de la faire diviser en trois morceaux, et plus tard on coupa encore en deux chacune de ces trois parties. Cette dernière mutilation est postérieure à la mort de Philippe (1404). Ajoutons que l'inventaire qui fut dressé lors du décès de ce prince nous fournit la liste de plus de deux cents tentures de haute lice de premier mérite, et ce fonds précieux suffirait à lui seul à démontrer l'étonnante prospérité des ateliers d'Arras et de Paris, alors même que les inventaires royaux, ceux des ducs d'Anjou, de Berry et d'Orléans, ne viendraient pas attester la stupéfiante fécondité et la rapidité prodigieuse d'exécution de ces manufactures, qu'on est tenté de considérer cependant comme bien primitives.

Ce fut vers ce temps-là que la tapisserie parisienne cessa de produire. On sait quels troubles politiques signalèrent la démence de Charles VI, et les innombrables vicissitudes au milieu desquelles s'acheva le règne de ce prince infortuné. Celui de son successeur, obligé de reconquérir son royaume, ne fut guère plus favorable aux industries de luxe. « Pendant tout le règne de Charles VII, écrit M. Guiffrey[2], nous n'avons pas rencontré un seul artisan de Paris bien authentiquement auteur d'une tapisserie de haute lice. Les désastres de toute nature qui accablent alors notre pays expliquent suffisamment cette pénurie. Nos habiles hauteliceurs avaient dû chercher dans des pays étrangers des travaux et des moyens d'existence. » A ce moment, en effet, Paris découragé par l'incertitude des événements, épuisé

---

1. *Histoire de la tapisserie*, p. 44.
2. *Ibid.*, p. 58.

par la guerre, délaissé par la Cour, a momentanément renoncé à ces travaux de longue haleine.

Arras, comprise dans les États du duc de Bourgogne, se trouvait dans une situation plus favorable. Bien que les drames sanglants qui traversèrent la carrière de Jean sans Peur ne paraissent pas avoir laissé à ce prince le loisir de

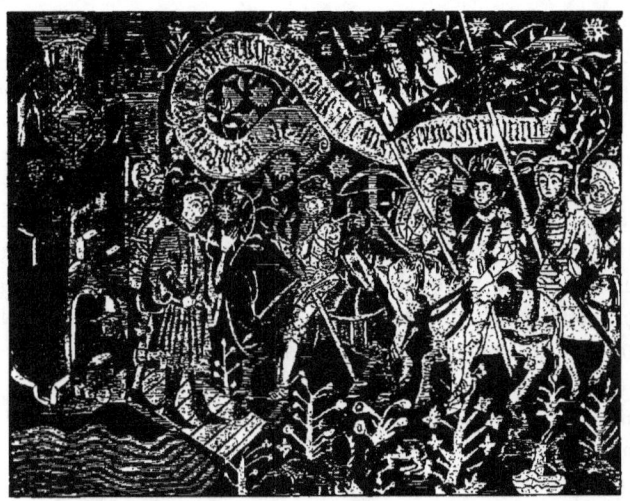

Fig. 56. — *Jeanne d'Arc au château de Chinon*,
tapisserie allemande du XVe siècle.
MUSÉE D'ORLÉANS.

donner une grande part d'attention aux arts somptuaires, cependant les tapissiers artésiens reçurent de lui d'importantes commandes; et, se souvenant de sa rançon payée en tapisserie, après la bataille de Nicopolis, ce prince sut se concilier, par de beaux ouvrages intelligemment distribués, la bienveillance des Anglais, qui, lors de la révolte des Liégeois, lui prêtèrent main-forte. Cette insurrection noyée dans le sang, Jean sans Peur voulut en consacrer le souvenir, et il commanda à Rifflard Flaymal, d'Arras, une tapisserie analogue à celle que son père avait fait exécuter après la bataille de Rosebecque, et qui ne comptait pas moins de trente mètres de long.

Mais ce fut surtout sous le gouvernement de Philippe le Bon, que la fabrication artésienne devint florissante. A ce moment le nombre des maîtres s'éleva à près de cent. Les compositions qu'on voit le plus souvent reparaître sur leurs métiers surchargés de commandes, sont l'*Histoire de l'Église*, les *Sept Joies de la Vierge Marie*, la *Passion*, le *Jugement dernier*, l'*Assomption*, le *Couronnement*, l'*Adoration des Mages*, et, parmi les sujets profanes, l'*Histoire de César*, la *Justice de Trajan*, l'*Histoire d'Herkenbald*, l'*Histoire d'Alexandre*, la *Condamnation de Souper et Banquet*, et l'*Histoire de Clovis*. Cette dernière suite, un des monuments les plus curieux de la tapisserie artésienne, nous a été conservée. Commandée par Philippe le Bon, exécutée pour son compte et comprise dans le mobilier d'apparat de la maison de Bourgogne, elle passa successivement entre les mains de Charles le Téméraire, de sa fille Marie de Bourgogne, de Philippe le Beau, et finalement de Charles-Quint, dans les bagages duquel elle fut trouvée après la levée du siège de Metz. Attribuée comme butin de guerre au duc François de Guise, elle fut offerte par le cardinal de Lorraine à la cathédrale de Reims, qui la possède encore.

De ces admirables tapisseries il convient de rapprocher les neuf pièces qu'on admire au musée de Berne, et qui représentent l'*Adoration des Mages*, la *Justice de Trajan*, etc. Elles garnissaient à Granson, si l'on en croit les historiens, la tente de Charles le Téméraire. On prétend également que c'est du désastre dans lequel ce prince perdit la vie que proviennent les sept tapisseries conservées au musée archéologique de Nancy. Ces précieux ouvrages forment deux séries distinctes. Sur cinq d'entre ces pièces est figurée la *Condamnation de Souper et Banquet*, et sur les deux autres l'*Histoire d'Assuérus et d'Esther*. Ces divers morceaux, en admettant même qu'ils n'aient pas l'origine qu'on leur attribue, permettent de juger de la magnificence et surtout de la complication des tapisseries au xve siècle.

Dans la plupart de ces compositions épisodiques ou romanesques, les artistes remplacent par une abondance débordante les habitudes plus synthétiques de la période

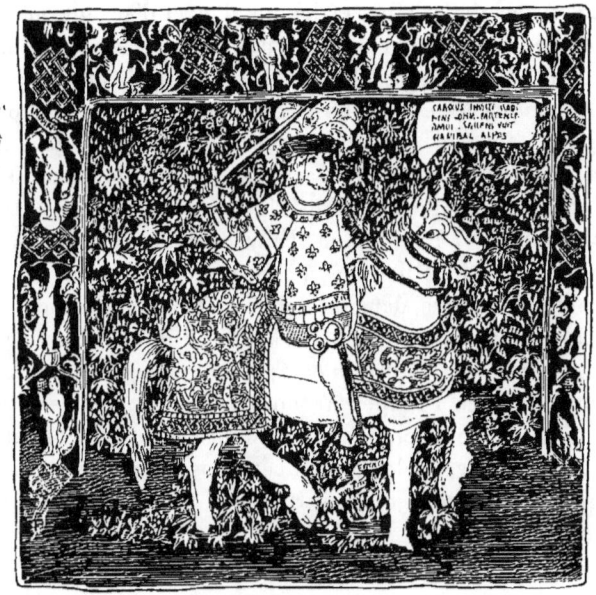

Fig. 57. — *Le Roi Charles VII*, tapisserie française.
(xve siècle.)

précédente. On dirait que les peintres des cartons et les tapissiers qui les interprètent, cherchent à éblouir le spectateur par la multiplicité des figures et la quantité des accessoires. L'entassement des personnages, la confusion des scènes qui s'enchevêtrent, défient toute description, et ce qui ajoute pour nous à l'intérêt de ces représentations, c'est le profond dédain de recherches archéologiques dont elles témoignent. Saints personnages, patriarches bibliques, prêtres hébreux, héros anciens, princes ou combattants, portent le costume du temps et sont vêtus à la mode du xve siècle. La richesse des ajustements, traduite en un tissu d'une finesse incomparable, ajoute encore à la magnificence de ces tableaux surchargés et compliqués à l'excès. La soie teinte de cent couleurs rehausse les tonalités un peu sourdes de la laine, et les fils d'or et d'argent, maniés avec une habileté qui ne sera pas surpassée par la suite, viennent compléter la richesse de ces ouvrages merveilleux.

On comprend le légitime orgueil que les princes bourguignons tiraient de l'étalage de ces trésors. Il faut lire dans le vieux chroniqueur Jacques du Clerq la description des tapisseries, dont Philippe le Bon fit décorer en 1461 l'hôtel d'Artois à Paris, pour l'Entrée solennelle de Louis XI ; il faut parcourir la liste des panneaux que Charles le Téméraire fit tendre dans la salle du banquet lors de son mariage avec Marguerite d'York (1468) ; il faut se souvenir que cinq ans plus tard ce même prince offusqua, par l'excès de son opulence, l'Empereur, dont il attendait le titre de roi, au point que celui-ci, humilié, rompit brusquement l'entrevue ; il faut se rappeler toutes ces choses, pour se rendre compte du rôle que jouaient dans les relations princières ces admirables tissus.

On a dit que le xve siècle fut l'âge d'or de la tapisserie. Cela est vrai surtout pour la tapisserie d'Arras ; car, indépendamment de ces grands et superbes ouvrages qu'on pourrait qualifier d'héroïques, réservés aux princes, les ateliers ne cessèrent de produire pour les particuliers une quantité de suites plus modestes, destinées aux seigneurs de moindre importance et même aux bourgeois. A un moment cette dernière production devint si considérable qu'un certain nombre d'auteurs, et notamment Henri Baude, dont M. Jules Quicherat a réédité les œuvres, composèrent de courtes poésies chargées d'inspirer les maîtres d'Arras

LA TAPISSERIE

et d'être traduites par eux en tapisserie. Un détail fera juger, au surplus, de l'abondance des tentures à cette époque. Lors des cérémonies publiques, des Entrées solennelles, des grandes fêtes religieuses, les rues en étaient entièrement tendues. Monstrelet[1] raconte que le 9 janvier 1430, lorsque pour la première fois Philippe le Bon mena sa femme Isabelle de Portugal à Bruges, les rues étaient *encourtinées* de tapis et de riches draps de haute lice. La *Chronique de Tournai*, à l'année 1453, parlant de la visite que le duc fit en sa ville de Gand, écrit que « les rues esqueles il passoit estoient tendues de tappis et aultres draps de ung et aultre lèz de icelles sur œuvre de carpenterie ».

Hélas ! ce beau temps ne devait guère durer. Arras, qui avait empli le monde de sa renommée, Arras qui avait donné son nom aux *Arrazzi*, vit en 1477 ses remparts pris d'assaut par les troupes victorieuses de Louis XI. Ses ateliers furent ruinés du coup, ses maisons démolies, et ses ouvriers, dispersés, allèrent porter en Flandre leur incomparable industrie.

1. *Chroniques*, édit. du *Panthéon littéraire*, p. 619.

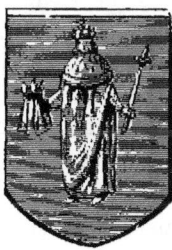

Fig. 58. — Armoiries corporatives des tapissiers de Lyon.

VI

LA TAPISSERIE AU XVIe SIÈCLE

Les Pays-Bas, peuplés par une race industrieuse, active, laborieuse, n'avaient pas attendu la chute d'Arras pour s'adonner au bel art de la tapisserie. Dès la fin du XIVe siècle, nous l'avons déjà constaté, Tournai, Bruxelles, Audenarde, pour ne citer que les villes les plus importantes, avaient vu de nombreux ateliers s'installer sur leur sol. En 1352, un haute-licier d'Arras nommé Jean Capars ou Capers était venu s'établir à Tournai, et en 1423 la Communauté des tapissiers de cette ville était assez considérable pour posséder une des bannières sous lesquelles les métiers étaient alors enrégimentés. Ajoutons que les tapissiers tournaisiens n'étaient pas seulement nombreux, mais encore habiles et réputés. En 1449, en effet, deux d'entre eux, Robert Dary et Jean de Lortye, s'engageaient à exécuter, dans l'espace de quatre ans, huit énormes pièces de tapisserie représentant l'*Histoire de Gédéon,* et mesurant 1,120 aunes. Et ces deux artistes ne furent pas les seuls maîtres tournaisiens dont les ateliers enfantèrent de si magnifiques ouvrages. A leur exemple, Pasquier et Jean Grenier, Nicolas Bloyart et Arnoult Poissonnier, figurèrent avec honneur parmi les fournisseurs de la Maison de Bourgogne.

A Audenarde également, l'installation de métiers nombreux précéda la ruine d'Arras. Dès 1456, les maîtres tapissiers, leurs compagnons et apprentis s'étaient groupés en une confrérie placée sous l'invocation de sainte Geneviève. De même pour Bruxelles, où nous voyons en 1448 les tapissiers se séparer des tisserands et former une corporation assez riche pour acquérir une maison sur la Grande

LA TAPISSERIE

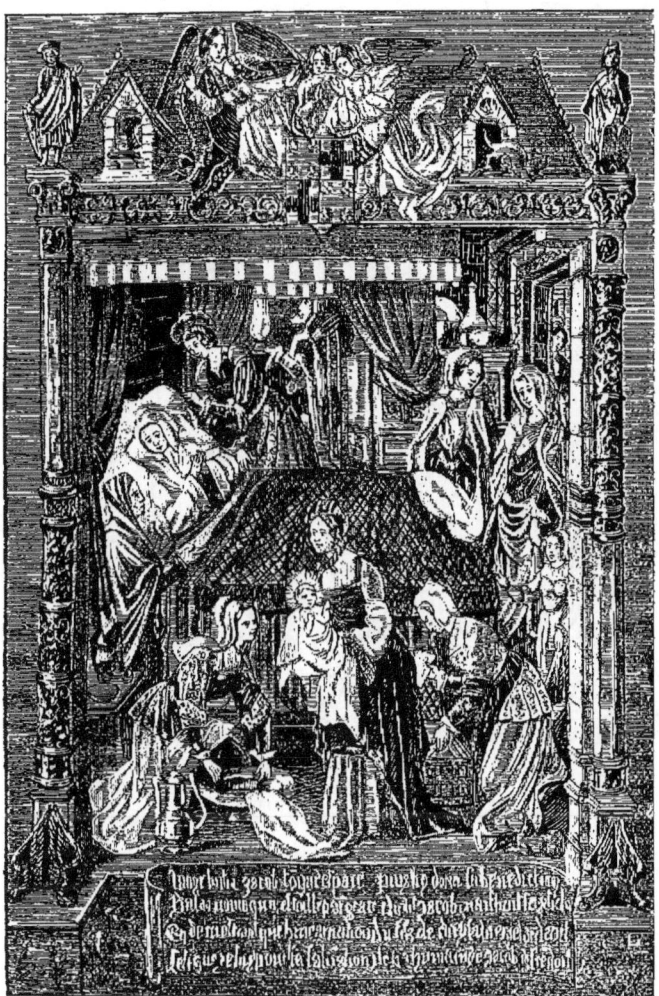

Fig. 59. — La *Nativité de la Vierge*, tapisserie des premières années du XVIᵉ siècle.
CATHÉDRALE DE REIMS.

Place et pour avoir un autel privilégié à Notre-Dame de Sablon.

On pourrait encore citer un certain nombre d'autres villes : Gand, où en 1478 Pierre Van Boxelaere possédait un atelier renommé ; Mons, Alost, Enghien, Ypres, Amiens, Cambrai, Valenciennes. Mais le cadre restreint dans lequel

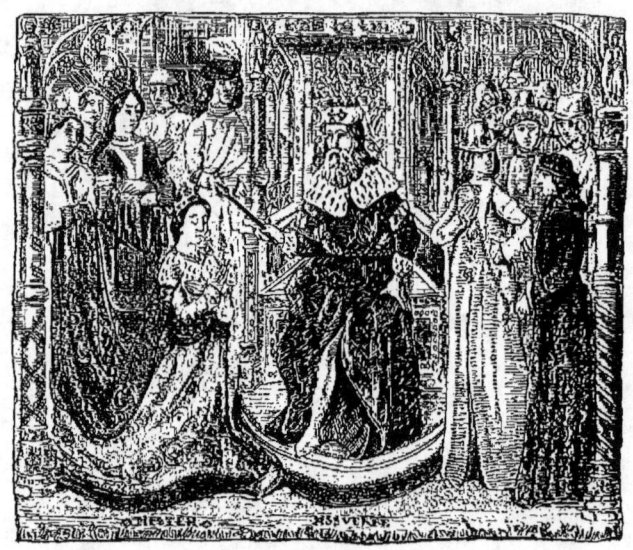

Fig. 60. — *Esther aux pieds d'Assuérus,* tapisserie flamande.
(Premières années du xvie siècle.)

nous sommes obligé de nous maintenir, ne nous permet pas de nous étendre sur ces lieux de production relativement secondaires. L'histoire de la tapisserie flamande, au surplus, n'est plus à écrire. Des archéologues éminents, au premier rang desquels il faut placer M. Pinchard, se sont chargés de ce soin. Nous nous bornerons donc ici à indiquer hâtivement les traits principaux qui marquent l'existence des ateliers les plus importants, et nous parlerons surtout de Bruxelles, car aucune autre ville ne profita davantage de la destruction d'Arras par Louis XI.

Pendant plus d'un demi-siècle, en effet, la capitale du Brabant éclipsa toutes ses rivales par le chiffre de ses métiers et par leur activité, par la beauté et la richesse de ses ouvrages. Encore à l'heure actuelle, les œuvres des ateliers

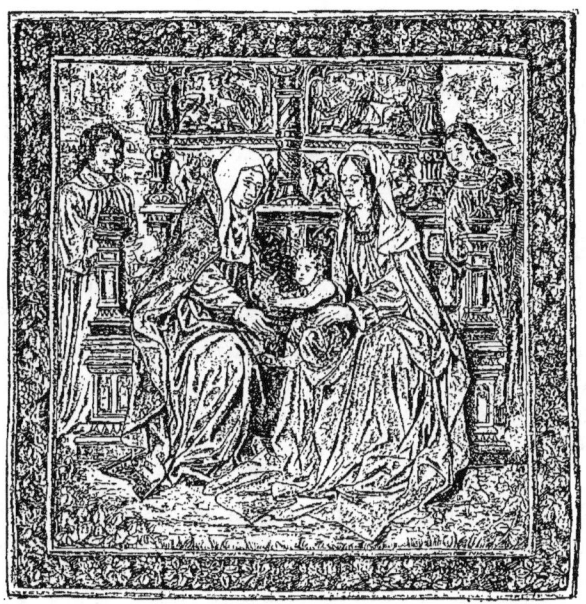

Fig. 61. — *La Vierge et sainte Anne,* tapisserie flamande.
(Premières années du xvie siècle.)

bruxellois de cette grande et belle époque font l'ornement d'un grand nombre de palais et de musées. Madrid, Florence, Rome, Munich, Dresde, Londres, Vienne et Berlin, possèdent des suites extrêmement remarquables de ces beaux tissus. Notre Mobilier National conserve précieusement une série de tentures de même provenance, achetées par Louis XIV; et la plupart de nos grands collectionneurs ont pu acquérir à prix d'or quelques pièces marquées du fameux écusson accosté du double B.

Pour mener à bien une telle production, il fallait que Bruxelles possédât, soit dans ses faubourgs, soit dans ses murs, un nombre de métiers et d'artisans dont nous n'avons plus aucune idée. Au moment où Audenarde touchait déjà à la décadence, des documents officiels constatent l'existence, dans cette ville de second ordre, de près de quinze mille habitants occupés à ces sortes de travaux. On se demande, après cette constatation, ce que devait être Bruxelles au temps où sa fabrication était dans toute sa splendeur!

Un des premiers maîtres bruxellois qui aidèrent au développement si remarquable de cette belle industrie, était originaire d'Arras et se nommait Jean du Pont (1501). Il eut l'honneur d'être le fournisseur de Philippe le Beau. Au nombre de ses contemporains et de ses concurrents, il faut citer : Jean Pissonnier, Gabriel van der Tommen, Jacques et François Geubels, Jean Nicolas et Antoine Leyniers, Jean Raes, Jean der Moyen, qui tous travaillèrent pour Charles-Quint, et surtout Pierre d'Enghien, dit Van Aelst, et Pierre Pannemacker, dont les noms, par la suite, allaient devenir illustres.

Ce dernier, qui avait obtenu de la célèbre Marguerite d'Autriche le titre de « tapissier ordinaire de Madame Gouvernante des Pays-Bas », produisit une quantité de véritables chefs-d'œuvre, et notamment cette admirable *Vie de Jésus-Christ* qui existe encore dans la collection de Madrid. C'est dans les ateliers de Pannemacker que furent également tissés les tapis de mulet dont étaient recouverts les sommiers de l'Empereur, et qui, dans les Entrées solennelles, étaient chargés d'édifier les habitants sur la richesse et la magnificence de ce prince. Ce fut enfin sur ces mêmes métiers, mais alors dirigés par Guillaume Pannemacker, que fut tissée la grande tapisserie historique du règne de Charles-Quint.

L'exécution de ces tapisseries historiques était un fait en quelque sorte traditionnel. Nous avons vu que Charles VI

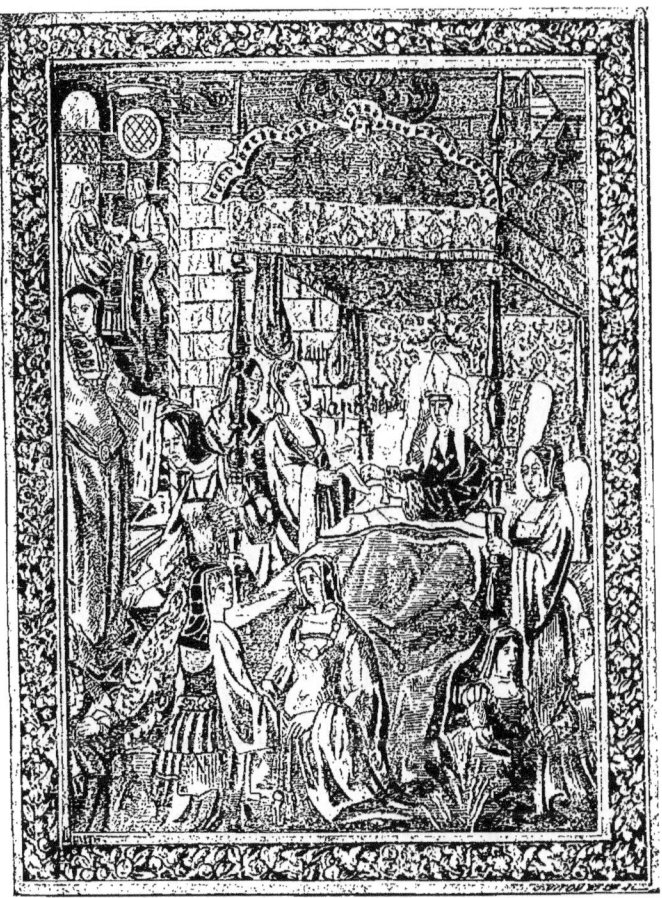

Fig. 62. — La *Mort de la Vierge*, tapisserie française.
(XVIe siècle.)

et Philippe le Hardi avaient tenu à consacrer le souvenir, le premier des joutes de Saint-Denis, le second de la bataille de Rosebecque, par la commande d'une tapisserie gigantesque. Philippe le Bon, qui ne pouvait revendiquer la gloire d'une victoire écrasante, se contenta de célébrer de la même façon l'*Institution de la Toison d'or*. Quant à Charles-Quint, il demanda à son peintre Jean Vermeyen et à Guillaume Pannemacker de fixer, par une œuvre de même importance, le souvenir de sa grande expédition en Afrique.

Cette suite, connue sous le nom de *Conquête du royaume de Thunes* (Tunis), qui comprenait douze pièces, ne mesurait pas moins de 1,246 aunes. Elle fut payée par la cassette impériale 14,952 florins. On sait, en outre, que 84 artistes furent constamment occupés à ce gigantesque ouvrage, qui put ainsi être terminé en 5 ans et 35 jours. Chaque ouvrier produisit donc en moyenne $3^m,60$ par an, c'est-à-dire six fois plus que nos tapissiers actuels des Gobelins. Or, la suite de la *Conquête de Thunes* existe encore. Elle est conservée à Madrid, où elle n'a pas cessé de faire l'admiration de tous ceux qui la contemplent.

Mais quelque merveilleuse que pût paraître cette splendide tenture, l'ouvrage qui, dans la production bruxelloise du xvie siècle, marque comme l'événement capital, c'est l'exécution de la célèbre suite des *Actes des Apôtres,* d'après les cartons de Raphaël. Pierre van Aelst, que Léon X choisit pour mener à bien cette superbe entreprise, était digne à tous égards de la confiance dont l'honorait le chef de la chrétienté. Dès 1497 il avait été désigné par Philippe le Beau pour tisser la tenture de la chambre de ce prince. En 1512 Marguerite d'Autriche lui avait demandé, pour son cabinet, une tapisserie figurant la généalogie des rois de Portugal. Ce fut en 1515 que Léon X lui expédia les fameux cartons qui devaient lui servir de modèles, et le 26 décembre 1519, ces belles tapisseries, rendues à Rome, furent exposées dans la chapelle Sixtine, où elles provoquèrent une bruyante admiration.

La fabrication si rapide et si parfaite de cette suite des

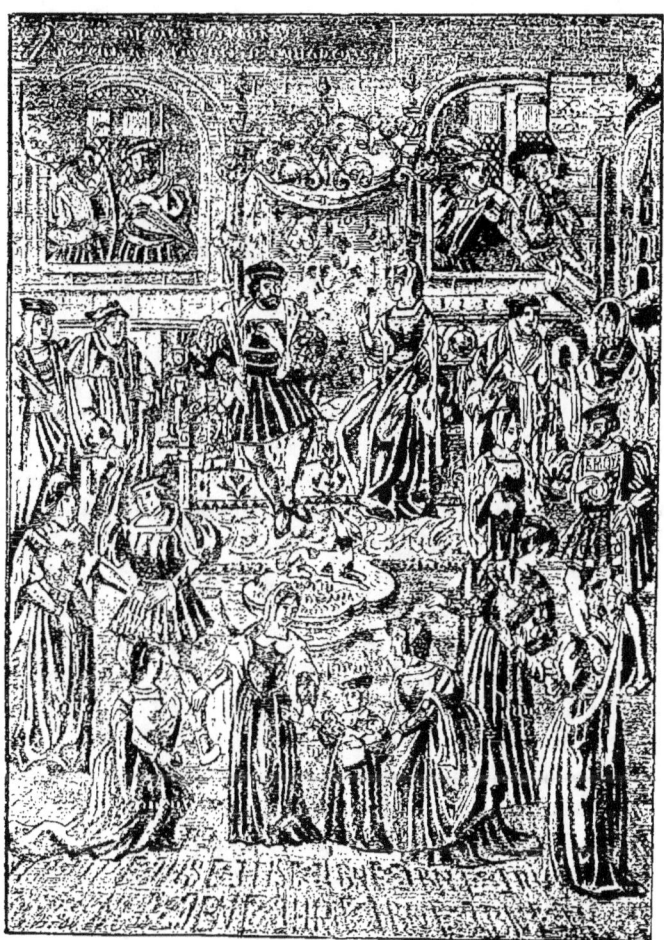

Fig. 63. — Un *Entremets à la cour*, tapisserie française du XVIe siècle.

Actes des Apôtres n'eut pas seulement pour résultat de consacrer d'une façon en quelque sorte définitive la célébrité européenne des métiers bruxellois ; elle amena sinon une transformation radicale dans la technique de la tapisserie, du moins une modification considérable dans le choix et la disposition des sujets. Ce fut par elle que la Renaissance italienne pénétra dans les ateliers flamands.

Jusque-là les tapissiers de Bruxelles, d'Audenarde, de Courtrai, avaient demandé aux peintres de leur pays des compositions riches et décoratives, mais qui, par l'excès même de leur complication, pouvaient sembler surchargées et tumultueuses. En outre, ces scènes toujours un peu naïves présentaient parfois des anachronismes singuliers, comme cette belle tapisserie du *Verger* dont parle Béroalde de Verville[1], où l'on remarquait « une Judith qui prie et qui est à genoux devant une Notre-Dame » ; ou encore comme « certaine Vierge Marie » signalée par le même auteur et qui disait ses « heures de Notre-Dame agenouillée devant un crucifix, et de l'autre côté l'ange disant son Ave ». L'admirable panneau représentant la *Nativité de la Vierge* appartenant à la cathédrale de Reims, le fragment de la *Vie de saint Remi* et celui de l'*Histoire d'Esther et d'Assuérus*, qui accompagnent ce chapitre (voir fig. 59, 60, 64), peuvent donner une idée de la façon singulière dont on entendait alors la représentation des épisodes sacrés.

On comprend que l'intelligence affinée des nobles seigneurs et des belles dames de la Renaissance devait mal s'accommoder de ces extravagances, et que ce style traditionnel, qui ne convenait plus à une société distinguée, polie, teintée d'érudition classique et de philosophie ancienne, ait reçu une forte atteinte de la contemplation de ces œuvres si différentes comme esprit et comme esthétique.

On ne renonça point toutefois, d'une façon définitive et

---

1. *Le Moyen de parvenir*, p. 395.

complète, à ces compositions touffues, où personnages et accessoires étaient entassés à plaisir. La *Conquête de Thunes* dont nous parlions à l'instant se ressent encore des préoccupations primitives. On en peut dire autant du *Concert*

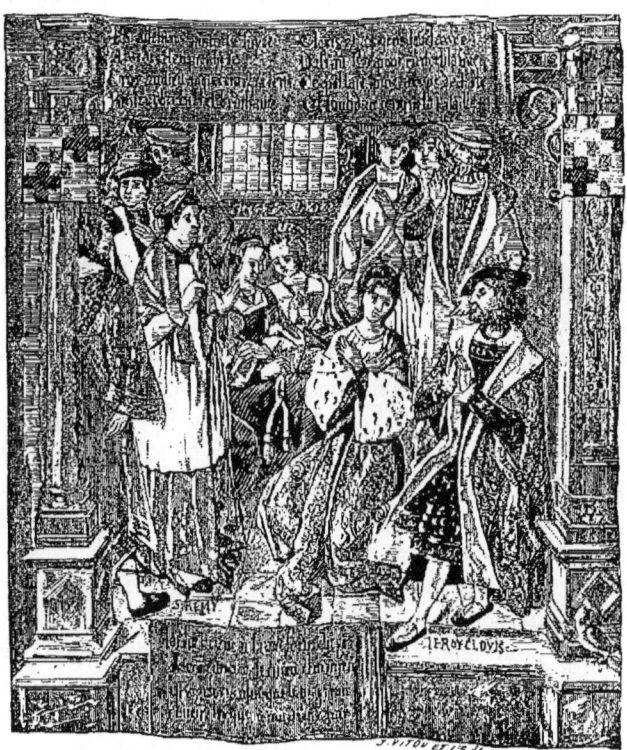

Fig. 64. — *Le roi Clovis converti par saint Remi*, tapisserie du XVIe siècle.
ÉGLISE SAINT-REMI, A REIMS.

champêtre dont nous donnons plus haut un panneau (voir fig. 36), et des *Belles Chasses de Maximilien,* plus connues sous le nom de *Belles Chasses du duc de Guise,* qui furent reproduites à différentes reprises par les ateliers bruxellois d'abord, et au XVIIe siècle par les Gobelins. On tissa encore dans les ateliers flamands un certain nombre de *Crucifixions,* de *Combats des vices et des vertus,* d'*Histoires de Josué,* d'*Histoires d'Herkinbald,* d'après les cartons de Bernard van Orley et de Jean van Brussel; mais, à côté de ces ouvrages qui sauvegardaient la tradition, les ateliers flamands s'empressèrent de mettre sur leurs métiers une foule d'œuvres nouvelles, comme les *Triomphes des Dieux* de Mantegna, l'*Histoire de Psyché,* dont les cartons furent attribués tour à tour à Raphaël et à son élève Michel Coxcie, et surtout l'*Histoire de Scipion* et les *Fruits de la guerre,* de Jules Romain, qui à leur apparition furent salués avec enthousiasme.

Ces modèles si nouveaux n'eurent pas uniquement pour conséquence une transformation radicale dans la nature et la disposition des sujets. Ils ne firent pas seulement délaisser les motifs religieux et les romans de chevalerie, pour donner à l'histoire ancienne et à la mythologie une importance jusque-là inconnue. Ils amenèrent rapidement les tapissiers à changer leur point de vue ; à abaisser leur ligne d'horizon ; à laisser au ciel une place considérable ; à réduire à un très petit nombre de figures indispensables leurs scènes autrefois enchevêtrées ; à dépouiller leurs personnages de leurs vêtements chamarrés, de leurs armures ruisselantes de pierreries et de leurs parures opulentes à l'excès, pour montrer les carnations antérieurement proscrites. Et du coup l'ancien vestiaire fut renouvelé. On prit en haine, suivant l'expression même de Brantôme, ces « vieilles tapisseries des maisons de nos Roys où sont pourtraites les dames ainsi habillées qu'elles estoient pour lors (au temps de la reine Isabeau de Bavière), où ce n'estoient que toutes drôleries, bifferies et grosseries[1] ». Et ainsi se trouvèrent substituées à ce fourmillement de figures étageant les unes au-dessus des autres — et presque

---

1. *Dames illustres,* 5ᵉ Discours.

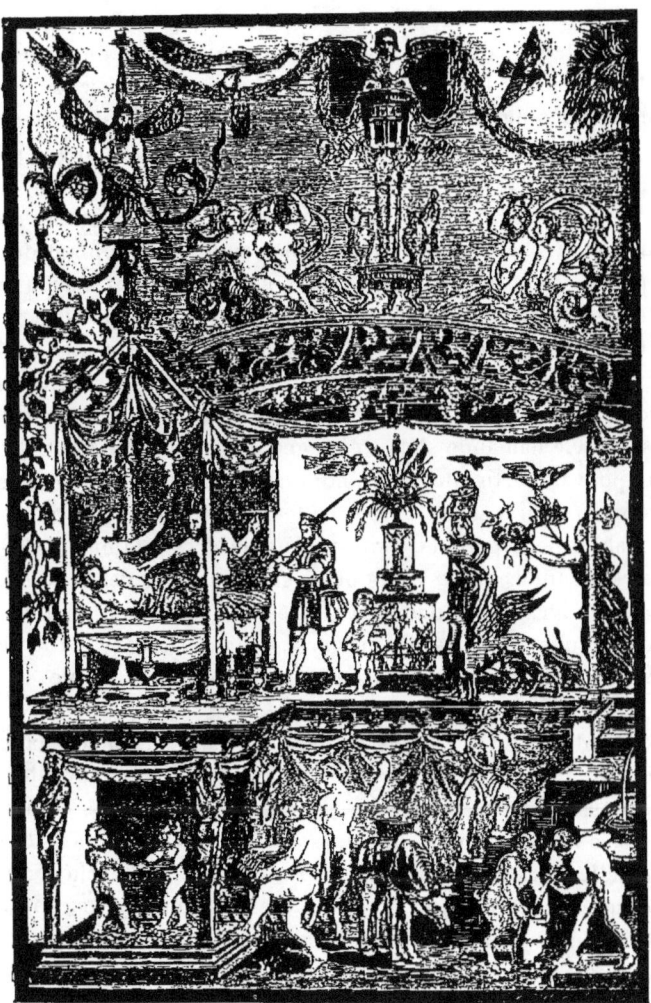

Fig. 65. — *Tenture à arabesques*, tapisserie du XVIe siècle.

jusqu'à la bordure supérieure — leurs accoutrements étonnamment somptueux, des scènes qui, plus conformes aux règles étroites de la perspective, prirent l'aspect de véritables tableaux. Enfin, pour reproduire ces modèles exécutés par des peintres étrangers, ignorant les difficultés avec lesquelles les tapissiers devaient compter, il fallut augmenter singulièrement le nombre des couleurs.

Cette transformation, hâtons-nous de le reconnaître, ne fut pas favorable à la tapisserie flamande. En adoptant des modèles dont le choix et l'esprit ne répondaient à aucune des qualités de sincérité et d'intimité qui sont le fonds même du génie national, mais exigeaient au contraire une distinction conventionnelle, une élégance raffinée, presque en contradiction avec la nature familière de la race batave, la tapisserie flamande s'était engagée dans une voie dont elle ne pouvait sortir que fort amoindrie. En outre, les troubles religieux qui vinrent ensanglanter les Pays-Bas, les impitoyables persécutions, suite inévitable des émotions populaires, ruinèrent les villes où se concentrait la vente de ces beaux ouvrages, dépeuplèrent les campagnes où fonctionnaient une quantité de métiers, et la décadence de cette belle industrie s'accentua avec une rapidité inattendue.

Pendant ce temps, les ateliers établis en France sur le domaine royal, et surtout à Paris, continuaient à travailler, mais sans jeter grand éclat. Les amateurs éclairés, toutefois, n'hésitaient pas à s'adresser aux tapissiers parisiens pour les tentures d'une finesse rare et d'un goût achevé; et lorsque le cardinal d'Amboise, ce fin connaisseur, après avoir édifié Gaillon, prit le soin de meubler et de décorer sa demeure princière, il plaça à la tête de l'escouade de tapissiers employés à ce soin, le tapissier Guillaume Rau, qu'il avait fait venir de Paris. Ajoutons que tous les autres artisans occupés aux tentures de Gaillon étaient Français. Jean Alixandre était accouru de Tours; Guillaume, de

Bayeux; les autres : Jean Adan, Jean Scallot de Gentillesse, Nicolas Georget, Antoine et Oudin Grenier, Nicolas Lefant ou Lenfant, Cardin Manneveu, Grégoire Leroy, Car-

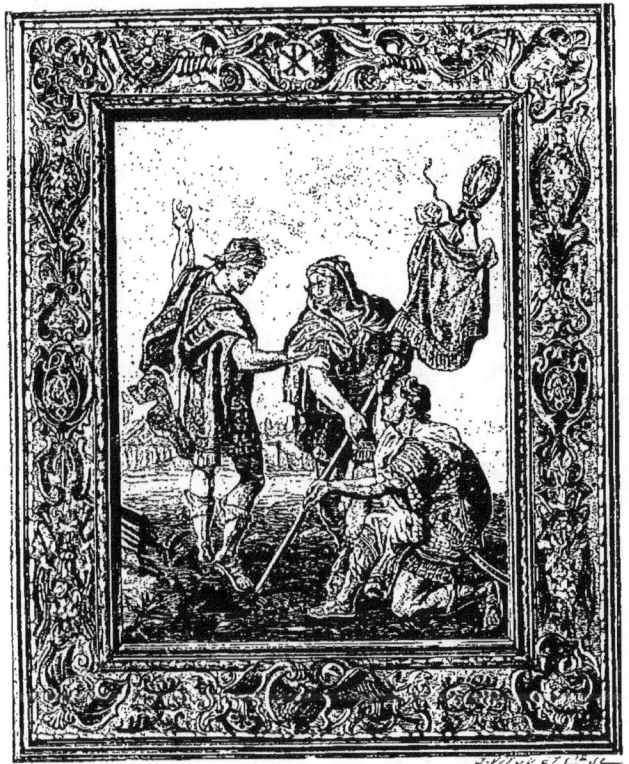

Fig. 66. — L'*Histoire de Scipion*, tapisserie flamande du xvie siècle.

dinot Sirende et Nicolas Dufour, étaient vraisemblablement Normands d'origine. En tous cas, leurs noms disent assez qu'ils n'avaient pas vu le jour en Flandre. Les ateliers français n'étaient donc pas aussi dépeuplés, à cette époque, qu'il a plu à quelques auteurs de l'écrire.

Si le cardinal d'Amboise était amateur de belles tapisseries, François Ier, prince fastueux s'il en fut, ne les appréciait pas moins. Les *Comptes secrets* de son règne nous apprennent qu'il fit tisser à Bruxelles et acheta à Anvers un certain nombre de tentures remarquables. Nous savons également qu'il envoya à différentes reprises le Primatice, son peintre favori, dans la première de ces deux villes pour porter les cartons de deux tentures dites du *Grand* et du *Petit Scipion,* et en surveiller l'exécution. Mais il devait en coûter à cet ennemi personnel de Charles-Quint d'être tributaire des sujets de l'Empereur; aussi le voyons-nous, aux environs de 1530, charger son trésorier Babou de la Bourdaisière d'installer à Fontainebleau une manufacture de tapisserie, et désigner le Primatice, qu'il avait précédemment envoyé en Flandre, pour diriger cet établissement royal.

Bien que Sauval et Félibien parlent de l'atelier de Fontainebleau en des termes qui indiquent une estime particulière, on est insuffisamment renseigné sur la nature et le caractère de cette fabrication, qui fut, du reste, de courte durée. On lui attribue, toutefois, avec une certitude presque absolue, des tentures à grotesques d'une élégance remarquable et très personnelle, ainsi que les *Histoires d'Actéon* et *d'Orphée,* dont le Véronais Matteo del Nassaro, graveur et orfèvre, aux gages du roi, aurait fourni les cartons. Sous le règne de Henri II, la Manufacture royale de Fontainebleau aurait également tissé un certain nombre de pièces de l'*Histoire de Diane,* actuellement au château d'Anet, et des tapisseries fines à arabesques dans le goût de Du Cerceau. Peut-être quelques belles tapisseries représentant des sujets historiques sortent-elles de ces mêmes ateliers. Mais il est aussi possible qu'elles aient été tissées sur les métiers parisiens ou tourangeaux qui, nous allons le voir bientôt, ne cessèrent pas de travailler à cette époque.

Nous constaterons pour le moment que les principaux collaborateurs du Primatice, les peintres Claude Baudouin,

Charles Carmoy, Francisque Cachenemis et J.-B. Baignequeral, étaient tous Français ou Italiens d'origine, et que parmi les tapissiers dont les noms nous sont livrés par les *Comptes des Bastimens*[1], aucun ne portait un nom

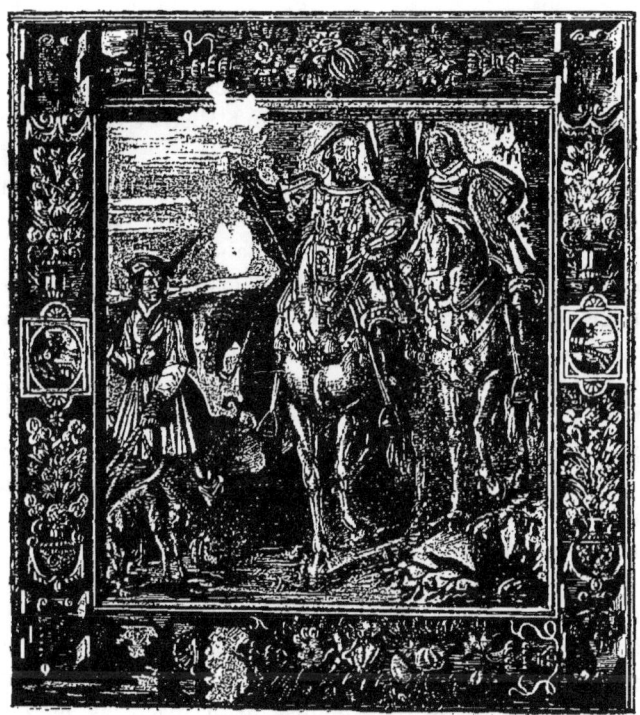

Fig. 67. — Les *Chasses de François I*[er], tapisserie parisienne de la fin du XVIe siècle.

flamand. Nous savons, en outre, par ce précieux recueil, que Pierre Le Bries était appointé à raison de 15 livres par mois; Jean Marchay, à 13 livres; que Jean Le Bries, Jean Desbouts, Pierre Philbert, Louis du Rocher, Claude Le

1. Voir *Comptes des Bastimens*, t. Ier, p. 205.

Pelletier, touchaient chacun 12 livres 10 sols ; Pasquier Mailly, Nicolas Eustace et Nicolas Gaillard, 12 livres ; enfin que Pierre Blassay, Jean Texier et Jean Souyn (ou Sevin) recevaient mensuellement 10 livres. Ces prix relativement élevés attestent le talent reconnu de tous ces artisans, en même temps que leurs noms bien français indiquent assez que la fabrication devait être demeurée considérable en France, pour qu'on ait pu, sans recourir à l'étranger, recruter presque instantanément un atelier de cette importance.

Si l'on est assez mal renseigné sur la production de Fontainebleau, on n'est guère mieux instruit sur la fabrication tourangelle. On sait seulement que Babou de la Bourdaisière favorisa l'établissement à Tours d'un atelier de haute lice dirigé par un tapissier du nom de Jean Duval, qui était assisté dans son entreprise par ses trois fils Étienne, Marc et Hector. On attribue à ces artisans une suite de l'*Ancien et du Nouveau Testament*, autrefois à la cathédrale de Tours, une *Vie de Jésus-Christ* qui existait jadis à Saint-Saturnin, l'*Histoire de saint Pierre* aujourd'hui dans l'église de Saumur, etc. ; mais aucune date bien précise ne peut être assignée à la fabrication de ces diverses tapisseries.

Quant à Paris, quoique la plupart des pièces d'archives de ce temps aient été détruites, les documents retrouvés sont encore assez nombreux pour démontrer l'activité de ses ateliers pendant tout le XVIe siècle. Nous avons vu plus haut que le cardinal d'Amboise avait placé les métiers installés à Gaillon sous la direction de Guillaume Rau, tapissier parisien. En 1507, le premier président de la Cour des comptes, Jean de Nicolaï, faisait exécuter par Allardin Souyn, « tappissier de haulte lisse, demourant à Paris, en l'ostel de Mgr l'arcevesque de Sens » (peut-être le père ou le frère du Jean que nous retrouvons plus tard à Fontainebleau), deux parements d'autel « de la largeur de ceulx que luy-même a faictz de son mestier à Saint-Victor ». En 1528 deux autres tapissiers parisiens, Jacques Pinel et Claude Brédas, fournissaient au roi les tentures qu'il offrit à Renée

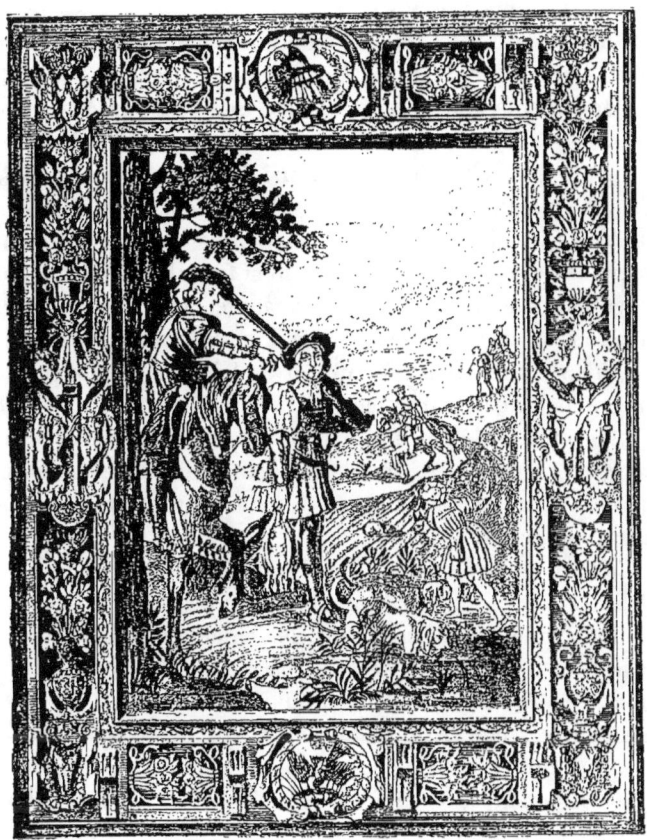

Fig. 68. — Les *Chasses de François Ier*, tapisserie française de la fin du xvie siècle.

de France, au moment de son départ pour Ferrare. Enfin, vers le même temps, François Ier commandait à Nicolas et Pasquier de Mortagne, tapissiers parisiens, une tapisserie d'or et de soie, ce qui donne à supposer qu'ils étaient gens habiles. Cette même présomption existe du reste en faveur de Bernard Lecourt, qui réparait sur ses métiers les tapisseries de Louise de Savoie.

On voit, par ces quelques mentions, que les ateliers parisiens étaient encore assez nombreux à cette époque. Mais ces documents nous feraient défaut, que l'activité de la production parisienne serait suffisamment attestée par l'espèce d'émeute qui éclata lorsque Henri II résolut d'établir à la Trinité une fabrication privilégiée de tapisserie. S'il faut en croire les chroniqueurs du temps, les « maîtres et compagnons de la ville » se montrèrent si fort alarmés des avantages qui étaient faits à ces nouveaux concurrents, « qu'ils menacèrent de tuer tout ce qu'il y avoit d'artisans en la Trinité sans en épargner un, et de faict les guettoyent de nuit pour les battre tout leur soûl ». Le Parlement fut obligé d'intervenir, et le roi dut placer les ateliers menacés sous sa sauvegarde. Cette double protection n'eût certes point été nécessaire, si les artisans lésés n'eussent été relativement nombreux.

Cette manufacture de la Trinité, qui fit alors si fort parler d'elle, avait été instituée en 1550 pour recueillir dans un hôpital, situé rue Saint-Denis, les enfants pauvres, et leur enseigner des métiers lucratifs. Parmi ces métiers figurait un atelier de haute lice, qui produisit entre autres tapisseries connues une *Histoire de saint Crépin et de saint Crépinien,* qui fut offerte à Notre-Dame de Paris par la Communauté des maîtres cordonniers de la ville. On lui attribue également le premier exemplaire de l'*Histoire d'Artémise,* dont Lerambert avait tracé les cartons, et qui était chargée de transmettre à la postérité le désespoir allégorique de Catherine de Médicis.

Il est à croire que parmi les tapissiers parisiens qui protestèrent avec énergie contre cette organisation privilégiée figuraient Pierre de Larry, établi rue des Vieilles-

Haudriettes, et qui s'engageait en 1555 à fournir au cardinal Louis de Bourbon, archevêque de Sens, six pièces représentant les scènes principales de la *Vie de Jésus-Christ;* — Pierre du Moulin, domicilié au cimetière Saint-Jean, que les États de Bretagne chargèrent de tisser la tapisserie dont était ornée la salle de ses séances ; — Guillaume Claude, « maistre tapissier de haulte lisse, demourant à Saint-Marcel-lès-Paris, rue d'Ablon, en la maison où est pour enseigne le *Sabot d'or* », qui exécuta une *Vie de saint Roch* pour la Communauté de ce nom ; — George Guilloche, tapissier, domicilié rue Saint-Honoré ; — Henri du Temple, dont l'atelier était établi rue du Temple, « en la maison où est pour enseigne la *Grant' Lamproye* », et enfin les tapissiers Laurent, cité par Sauval, et Guyot, mentionné par Félibien.

Ajoutons que cette levée de boucliers demeura sans effet. L'hôpital de la Trinité continua de jouir jusqu'au milieu du xviie siècle des privilèges qui lui avaient été accordés, et notamment du droit de former des maîtres en dehors de la Communauté. On lui dut même un certain nombre d'artistes remarquables, au premier rang desquels il faut placer le célèbre Maurice Du Bout ou Du Bourg. « De quantité d'artisans habiles qu'a produits la Trinité, écrit Sauval, il n'y en a point qui ait fait plus parler de lui que Du Bourg... Ce grand artiste étoit de Paris même et avoit été enfant à la Trinité, où il apprit à être tapissier. »

Ce qui mit le sceau à la réputation de Du Bout, ce fut la *Vie de Jésus-Christ,* tissée par lui d'après les dessins de Lerambert, et qui, exposée dans l'église Saint-Merry, excita chez tous ceux qui la purent contempler une admiration des plus vives. Indépendamment de cette suite célèbre, Du Bout exécuta une *Vie de saint Vincent* pour Rouen, et pour un grand nombre de hauts personnages des tentures de grande valeur. Nous citerons notamment l'*Histoire sainte* et l'*Histoire de Psyché,* qui, achevées après sa mort, furent livrées par sa veuve à Auguste de Loménie, comte de Brienne et conseiller du roi. Lorsqu'il mourut, Maurice Du Bout habitait les Galeries du Louvre et portait le titre de « tapissier ordinaire du roi ». A ce moment il était chargé d'années, et cet événement nous porte tout d'un coup au milieu du XVIIe siècle, dont l'histoire appartient à un autre chapitre.

Nous terminerons avec le XVIe siècle, par cette constatation de l'existence, à Paris, de manufactures importantes à une époque où les guerres civiles pourtant ne laissaient guère à l'industrie de chances de réussite sérieuse. Les historiens nous apprennent, en outre, que pendant ce même siècle des ateliers furent établis à Venise, à Rome, à Mantoue, à Florence, à Ferrare, à Londres, à Munich, à Moulins, à Orléans, à Châtillon, à Bordeaux, etc., mais sans qu'aucun de ces ateliers ait jamais acquis une importance suffisante pour que ses productions pussent être comparées à celles des grands centres dont nous venons de retracer brièvement l'histoire.

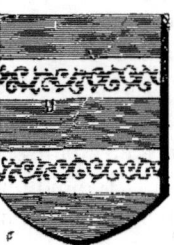

Fig. 69. — Armoiries corporatives des tapissiers de Bordeaux.

VII

LA TAPISSERIE PENDANT LA PREMIÈRE MOITIÉ DU XVIIᵉ SIÈCLE

Bien que pouvant revendiquer à son actif un certain nombre d'œuvres d'un indiscutable mérite, la tapisserie parisienne, au XVIᵉ siècle, ne supporte, toutefois, aucune comparaison, au point de vue de la production et de la renommée, avec la fabrication flamande. Son infériorité peut s'expliquer de diverses façons. Son principal motif, croyons-nous, doit être recherché dans la différence de la main-d'œuvre.

A Paris, dès le XIVᵉ siècle, la haute lice florissait, et l'on sait assez combien les règlements des anciennes corporations étaient étroits et tyranniques, pour être persuadé que l'usage de tout autre procédé devait être rigoureusement interdit. Déjà, au XVᵉ siècle, on distinguait dans les documents officiels « entre les tapisseries de fil d'Arras » et « celles de fil de Paris », sans que les archéologues et les tapissiers aient pu trouver de cette distinction une explication plausible. En 1477 les tapissiers d'Arras, chassés de leurs ateliers par la ruine de leur ville, se réfugièrent en Flandre. Or, dans toutes les cités qui leur offrirent un asile, à Bruxelles, à Audenarde, à Bruges, à Tournai, etc., l'art du tissage, nous l'avons déjà constaté, était porté à un rare degré de perfection. Eh bien! les analogies entre le métier du tisseur et le métier de basse lice sont trop nombreuses, pour ne pas avoir frappé les nouveaux arrivants; et au cas même où ils n'auraient pas pratiqué ce second procédé de fabrication, les avantages que la basse lice présente au point de vue commercial sont trop considérables, pour avoir été dédaignés par des industriels aussi expérimentés.

On en peut donc conclure que, à l'exception d'un petit nombre de métiers de haute lice, sur lesquels on continua de tisser des tapisseries exceptionnellement soignées, les autres ateliers fabriquèrent à la basse lice toutes les tentures courantes. Et cette dernière fabrication qui, à qualité égale, permet un tiers d'économie sur le prix de la main-d'œuvre, explique à son tour comment Paris, persistant à user du procédé ancien, se trouva rapidement distancé par Arras d'abord, par la Flandre ensuite, et finit par voir s'étioler sur son sol une industrie jadis florissante, alors que Bruxelles, Tournai, Audenarde, couvraient l'Europe de leurs produits.

S'il fallait une attestation en quelque sorte officielle de cette différence dans le mode de production, nous la trouverions dans les événements qui s'accomplirent à Paris même, au commencement du XVIIe siècle. Nous avons vu dans le précédent chapitre que Maurice Du Bout mourut dans un atelier qu'il possédait au Louvre. La possession de cet asile privilégié lui avait été attribuée par Henri IV. Ce prince ayant visité les ateliers de la Trinité, où l'on achevait les tapisseries fameuses de Saint-Merry, se montra si satisfait du travail exécuté sous ses yeux, qu'il résolut de rétablir à Paris les manufactures de tapisseries « que le désordre des règnes précédents avait abolies ».

Dans ce but, il manda à Fontainebleau les tapissiers Du Bout et Laurent. Ce dernier, ayant seul répondu à l'appel royal, fut installé en 1597 dans la maison professe des jésuites, demeurée vide depuis l'attentat de Jean Châtel. Plus tard, Du Bout fut associé à Laurent. Puis, quand les jésuites rentrèrent en France, ils furent l'un et l'autre établis au Louvre, dans ces fameux ateliers où Henri IV avait résolu de réunir les plus illustres artisans de son temps, et qui devaient également abriter les métiers sur lesquels

Pierre du Pont exécutait alors ses tapis de haute laine, point de départ de la Savonnerie. Mais Laurent et Du Bout, quoique artistes de grand mérite, travaillaient exclusivement à la haute lice, c'est-à-dire lentement et chèrement.

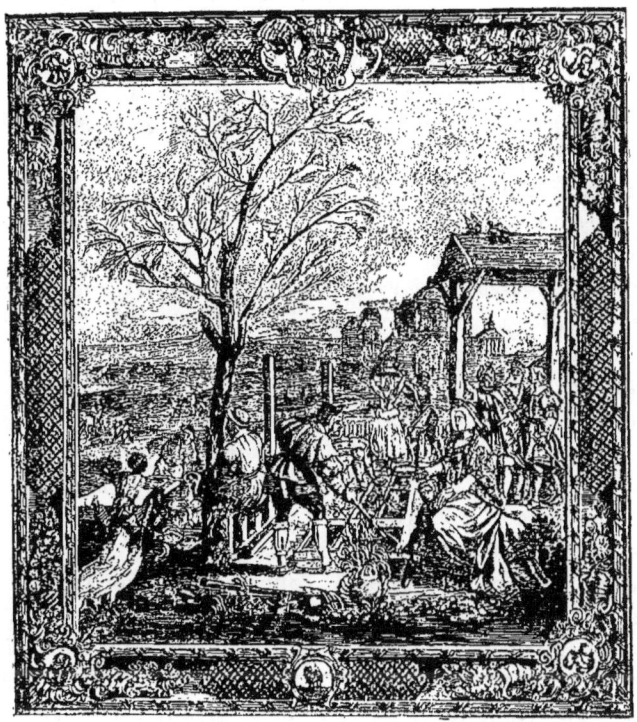

Fig. 70. — Les *Mois de l'année,* tapisserie de la première moitié du XVIIe siècle, refaite aux Gobelins au siècle suivant.

Pour mettre la France en état de lutter avec les Pays-Bas, qui continuaient, bien qu'en pleine décadence, à fournir l'Europe de tapisseries, Henri IV eut l'idée d'emprunter à nos rivaux leurs propres armes.

En 1607, il attira à Paris Marc de Comans et François

de la Planche, les anoblit par *Lettres patentes* et leur conféra le privilège d'exercer exclusivement leur profession, non seulement dans la capitale, mais dans toutes les villes où il leur plairait de s'établir. Ce privilège portait, en outre, que durant vingt-cinq années nul ne pourrait imiter leurs produits; que le roi les logerait à ses dépens, que leurs ouvriers déclarés régnicoles seraient indemnes de toutes Tailles, que les maîtres après trois ans et les apprentis après six ans pourraient tenir boutique et ouvrir des ateliers; que le roi leur donnerait 25 enfants, dont il payerait la pension; que les contractants seraient tenus d'entretenir 80 métiers, dont 60 à Paris; que de Comans et de la Planche recevraient chacun 1,500 livres de pension et 100,000 livres pour commencer le travail; que toutes les « étoffes » employées par eux, sauf l'or et l'argent, seraient exemptes d'impositions; qu'ils pourraient ouvrir des brasseries et vendre de la bière; enfin que l'importation des tapisseries étrangères demeurait interdite.

Cette révolution, car c'en était une véritable, ne s'accomplit pas, cela se comprend, sans soulever d'ardentes récriminations. Le prévôt des marchands et les échevins, défenseurs attitrés des privilèges commerciaux des bourgeois parisiens, protestèrent contre la décision royale et osèrent s'opposer à l'entérinement des *Lettres patentes* qui venaient d'être concédées par le roi, se fondant, entre autres arguments, sur ce fait que la « tapisserie de haulte lice qui a cy devant fleury en ceste dicte ville... est beaucoup plus prétieuse et meilleure que celle de la marche (ou de basse lice) dont ils usent aux Païs-Bas et que l'on veut à présent establir ».

Mais Henri IV ne s'arrêta pas à ces protestations. Il passa outre. De Comans et de la Planche furent mis en possession de leur privilège, et sous leur habile direction la production française égala rapidement la tapisserie flamande. Bientôt, leur fabrication se développant, ils manquèrent de place aux Tournelles, où ils avaient été installés tout d'abord, et ils durent aller s'établir « en la maison des Gobelins », au faubourg Saint-Marcel. A cette nouvelle place, leur manufacture acheva de grandir. En 1625, les deux associés, arrivés presque au terme de leur privilège, en sollicitèrent le renouvellement, qui leur fut accordé pour dix-huit années, et en 1629, après avoir travaillé vingt-sept ans pour la Couronne, ils cédèrent la place à leurs deux fils ; mais la bonne harmonie qui avait régné entre les pères ne se continua pas. Quatre années s'étaient à peine écoulées que les fils se séparaient. Charles de Comans resta aux Gobelins, et Raphaël de la Planche alla au faubourg Saint-Germain fonder une nouvelle fabrique. La perfection technique survécut toutefois à ces discordes, et en 1634, la Gomberdière, dans son *Nouveau Règlement sur les marchandises,* était en droit d'écrire : « Paris est maintenant sans pair par la manufacture des plus belles et des plus riches tapisseries du monde. » Ces deux établissements, de nouveau réunis en 1662, allaient, au surplus, former le noyau de la *Manufacture royale des meubles de la Couronne,* devenue justement célèbre sous le nom de *Manufacture des Gobelins.*

« Rien n'est plus difficile, écrit M. Guiffrey[1], que de déterminer le contingent des différents ateliers royaux pendant la première partie du xvii\ue siècle. Et, en effet, nous sommes aussi peu renseignés sur la production de l'atelier de basse lice du faubourg Saint-Marcel, dirigé par de Comans et de la Planche, que sur celle des ateliers de haute lice qui continuèrent de fonctionner au Louvre. Les *Inventaires du mobilier de la Couronne,* dressés sous le règne de Louis XIV, décrivent, il est vrai, un certain nombre de tapisseries dites de Paris, qui datent certainement de cette époque. » Dans ce nombre on peut citer l'*Histoire d'Artémise*

---

1. *Histoire de la tapisserie,* p. 283.

et l'*Histoire de Coriolan* d'après Lerambert; les *Chasses de François Ier* déjà exécutées au xvɪᵉ siècle et rajeunies par Laurent Guyot; les *Actes des Apôtres* d'après Raphaël; l'*Histoire de Diane* d'après Toussaint Dubreuil; le *Pastor fido* d'après Guyot et Dumée; l'*Histoire de Gombaut et Macé* d'après Laurent Guyot, etc. Malheureusement, faute d'indications précises, nous ignorons où ces suites furent tissées.

Nous sommes mieux renseignés, par contre, sur un autre lieu de production dont la fabrication fut de peu de durée, mais laissa quelques traces intéressantes dans l'histoire de la tapisserie française. Nous voulons parler de la manufacture de Maincy, fondée par Fouquet. Placée par le surintendant sous la haute direction de l'illustre Le Brun, elle produisit en quelques années une *Histoire d'Abraham*, les *Chasses de Méléagre et d'Atalante*, l'*Histoire d'Iphigénie*, *Apollon et les Quatre Saisons*, qui classèrent ses ateliers parmi les meilleurs.

Aussi Colbert ne manqua-t-il pas, lors de la fondation des Gobelins (1667), de s'assurer le concours de ces artistes aguerris, au nombre desquels se trouvaient les tapissiers Le Febvre, Lourdet et Lenfant, qui, réunis aux Jans, appelés de Flandre, et aux titulaires des ateliers du Louvre, devaient, dès le xvɪɪᵉ siècle, porter si haut la réputation de cette manufacture. Colbert, en effet, groupa aux Gobelins tout ce que Paris et la France possédaient alors de tapissiers émérites. C'est là que vint se fondre le personnel de la plupart de nos ateliers provinciaux; celui de Charleville, puis de Reims, dirigé par Daniel Pepersack, qui avait tissé pour l'église Saint-Pierre-le-Vieux de superbes tapisseries; celui de l'atelier de Cadillac, fondé par le duc d'Épernon, et dont la direction avait été confiée au Parisien Claude de la Pierre; peut-être aussi celui de l'atelier de Lyon, dont il n'est fait mention ni par M. Müntz ni par M. Guiffrey, et qui, créé en 1650 par Fiacre Alleaume et

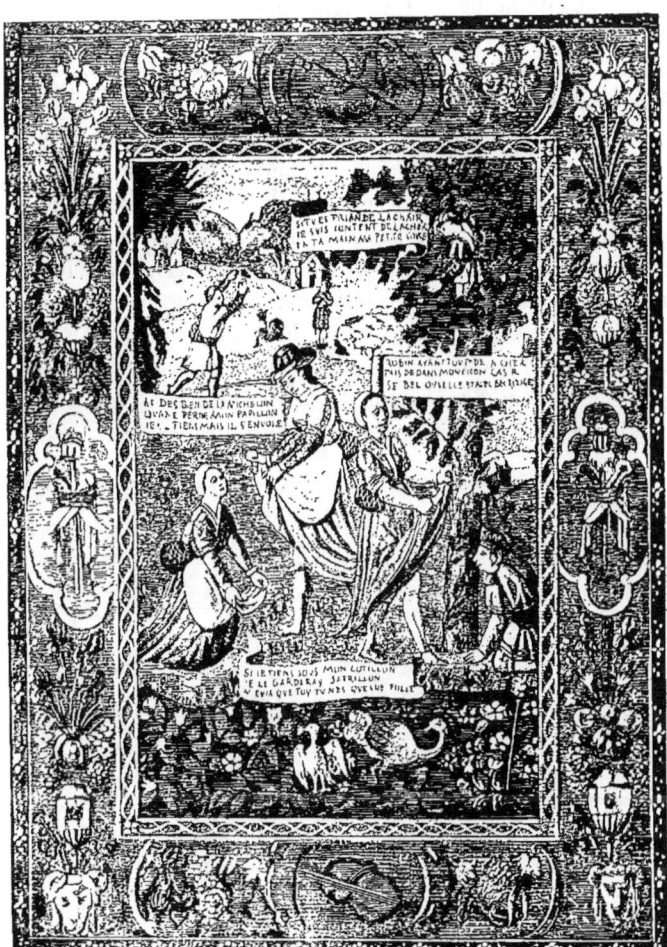

Fig. 71. — L'*Histoire de Gombaut et Macé*, tapisserie française.
(Première moitié du XVIIe siècle.)

Victor Prestessely, fabriqua « toutes sortes de tapisseries, et mesmes de la manière de celles qui viennent des Pays-Bas, ou de *celles qui se travaillent à Paris chez les Gobelins* ». Cette dernière phrase est à souligner et à retenir. Ajoutons que cette manufacture lyonnaise exécuta pour les deux chambres du Consulat des tapisseries dont le dessin avait été fourni par le peintre François Rambaud[1].

Toutes ces habiletés réunies allaient donner à notre grande Manufacture nationale une telle importance, qu'à partir de ce moment l'histoire de la tapisserie parisienne se confond avec celle des Gobelins, alors que la fabrication provinciale se concentre dans l'histoire de Beauvais, de Felletin et d'Aubusson. Aussi allons-nous nous occuper successivement de chacun de ces divers centres, qui, à partir de 1667, résument la production française.

1. *Archives communales de Lyon* : *Actes consulaires*, série BB, reg. 204 et 205.

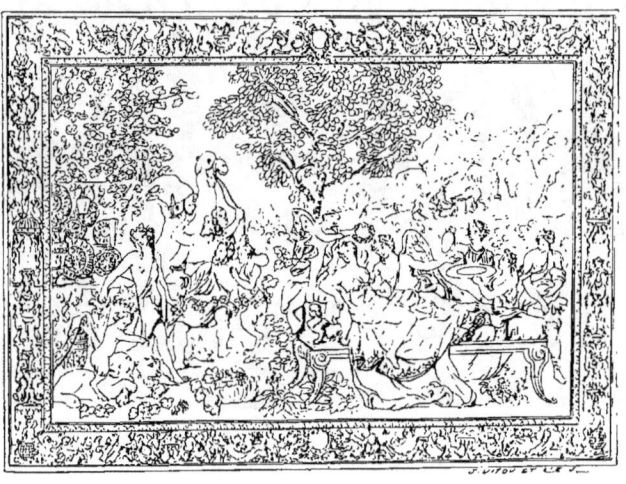

Fig. 72. — *L'Amour et Psyché*, panneau de tapisserie du XVIIe siècle.

VIII

LES GOBELINS. — LA MANUFACTURE ROYALE DES MEUBLES DE LA COURONNE.

Si l'on n'est qu'incomplètement renseigné sur la production parisienne pendant la première partie du XVIIe siècle, il est cependant facile de constater que dès cette époque les peintres chargés d'établir les cartons et les modèles, avaient renoncé pour toujours à la perspective haute et à ces entassements d'objets et de personnages qui caractérisaient la tapisserie en son temps héroïque. Dès le milieu du XVIe siècle, les principes inaugurés par Raphaël avec sa tenture des *Actes des apôtres* avaient prévalu; et ils devaient continuer de prévaloir sous l'habile direction de Le Brun, qui allait porter si haut le nom des Gobelins et la réputation de la tapisserie française.

C'est en 1667 que Colbert, alors Surintendant des finances, fit signer au roi la charte constitutive de ce grand établissement. Mais dès 1662 l'illustre ministre avait commencé d'acquérir les emplacements nécessaires, d'ériger les constructions qui devaient abriter les nouveaux ateliers, et de réunir le personnel d'artistes et d'artisans, capable d'assurer un durable succès à cette magistrale entreprise.

Par l'acte constitutif, le surintendant des bâtiments du roi et le directeur de la manufacture devaient tenir l'établissement « rempli de bons peintres, maistres tapissiers de haute lisse, orphèvres, fondeurs, graveurs, lapidaires, menuisiers en ébène et en bois et autres bons ouvriers de toutes sortes d'arts et métiers ». Ainsi ce n'était pas seulement des tapisseries qu'on se proposait de fabriquer aux Gobelins, mais toute espèce de meubles et d'objets d'art destinés à l'ameublement, idée excellente qui allait permettre à tant d'artistes appelés à travailler sous le même toit d'apporter, dans les œuvres les plus différentes, cette unité de vue et de conception, cette concordance d'esprit et de formes, cette subordination, qui sont les éléments essentiels de toute décoration parfaite.

Nous pouvons juger de ce que produisit cette réunion incomparable d'artistes exceptionnels, obéissant à une seule et unique impulsion, par la superbe tapisserie représentant la *Visite de Louis XIV aux Gobelins* (fig. 73). On voit dans cette vaste composition tous les collaborateurs groupés par les soins de Colbert, offrant au roi des cabinets, des tables, de riches mosaïques, des vases et des trépieds d'argent, et enfin ces tapisseries merveilleuses qui allaient, pendant deux siècles, assurer à ce grand établissement une gloire impérissable. Tous ces beaux meubles, et la plupart de ces vases superbes, avaient été fabriqués aux Gobelins ; mais nous n'avons point à nous en occuper dans ce livre, consacré exclusivement à la Tapisserie.

Pour cette dernière, Le Brun possédait autour de lui toute une pléiade de peintres de premier mérite, qui devaient l'aider à doter la Manufacture de modèles et de cartons. Van der Meulen, Martin des Batailles, Nicolas Loir, Monnoyer, Sève, Anguier, Houasse, Verdier, Bonnemer et Cussac formaient sous ses ordres une phalange incomparable. Mais le mérite de Le Brun fut moins d'avoir pu réunir et grouper autant d'hommes de talent, que d'avoir su leur imposer une discipline sévère. Sous l'inspiration, sous la direction de ce génie essentiellement créateur, tous ces grands artistes, abdiquant volontairement ce que leur nature pouvait avoir d'exclusif ou de trop personnel, imprimèrent à la production des Gobelins un élan extraordinaire.

Ardemment secondé par Jans, par Lefèvre et par Laurent, qui avaient la direction des ateliers de haute lice, et par Mozin et Lacroix, qui conduisaient ceux de basse lice, Le Brun, dans les vingt-trois ans de sa glorieuse administration, vit sortir des ateliers de haute lice plus de 200 pièces, et plus de 300 des autres ateliers ; et parmi ces 500 pièces se trouvent compris les ouvrages les plus considérables, les plus fameux et sans contredit les plus parfaits qu'ait produits la Tapisserie française. La plupart de ces tentures superbes, en outre, étaient de sa composition.

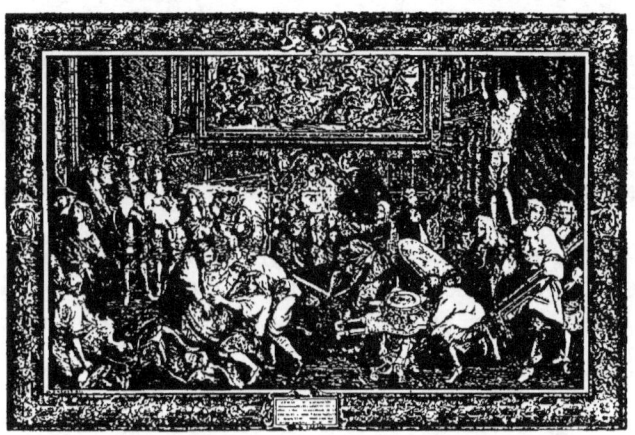

Fig. 73. — La *Visite du roi aux Gobelins*, tapisserie dessinée par Charles Le Brun.

A l'exception d'un très petit nombre de pièces que les Gobelins retissèrent d'après des modèles anciens, telles que les *Actes des apôtres* de Raphaël, l'*Histoire de Scipion*, l'*Histoire de Psyché* et *Fructus belli* de J. Romain, les *Mois* de Lucas de Leyde, les *Belles Chasses de Guise*, etc., Le Brun avait composé et peint de sa main ou fait exécuter sous ses yeux et d'après ses esquisses, par ses collaborateurs, tout ce qui occupa les métiers pendant sa longue administration. Et parmi ces grands ouvrages il en est, comme l'*Histoire du roi*, les *Saisons*, les *Mois*, les *Éléments*, l'*Histoire d'Alexandre*, les *Chasses de Méléagre,* l'*Histoire de Constantin,* les *Portières de Mars et du char de triomphe,* etc., qui nous paraissent encore, dans leur genre, des modèles absolument parfaits.

Dès leur apparition, au surplus, ces belles tentures produisirent sur la cour fastueuse appelée à les juger une telle impression de noble ordonnance et de somptuosité, que certaines d'entre elles, à peine achevées, furent remises de suite sur les métiers. On peut citer, dans le nombre, les *Éléments,* qui, sous la direction même de Le Brun, ne furent pas reproduits moins de six fois ; les *Saisons,* dont on tissa quatre exemplaires successifs ; les *Mois,* refaits à nouveau sept fois, et l'*Histoire d'Alexandre* six fois de suite.

Le mérite de ces beaux ouvrages résulte certainement de la perfection de leur exécution technique, mais il réside aussi dans leur appropriation parfaite à la destination somptuaire qui leur était réservée, et dans leur majestueuse allure. Le Brun, sous ce rapport, fut admirablement servi par le faste et la magnificence du roi pour lequel il travaillait. Le luxe débordant de ce prince, qui avait pris le soleil pour emblème, lui permit de traduire en tapisserie des scènes réelles comme celles qui composent l'*Histoire du Roy,* sans choquer l'esprit et les sens, et son grand mérite fut de savoir entourer ces scènes réelles de bordures d'une beauté et d'une élégance uniques, qui doublent leur richesse tout en leur restant subordonnées.

L'exécution de ces superbes tapisseries ne subit aucun arrêt jusqu'au décès de Colbert ; mais quand, en 1683, ce grand ministre, abreuvé de dégoûts et devenu suspect, fut mort de chagrin ; surtout quand Louvois, qui avait longtemps ambitionné la Surintendance des Bâtiments, à cause de la « privance » et de la facilité qu'elle donnait de voir le roi à toute heure, lui eût succédé, alors tout changea. Le nouveau Surintendant, homme de peu de goût et qui détestait son ancien rival jusque dans ses œuvres et dans ses collaborateurs, reporta sur les Gobelins et sur leur directeur une partie de la jalousie qu'il avait nourrie à l'endroit de son illustre collègue, et Le Brun ne tarda pas à sentir le poids de son ressentiment. Dès 1685, alors que les finances étaient encore relativement prospères, Louvois fit supprimer les fils d'or et d'argent dans les tapisseries,

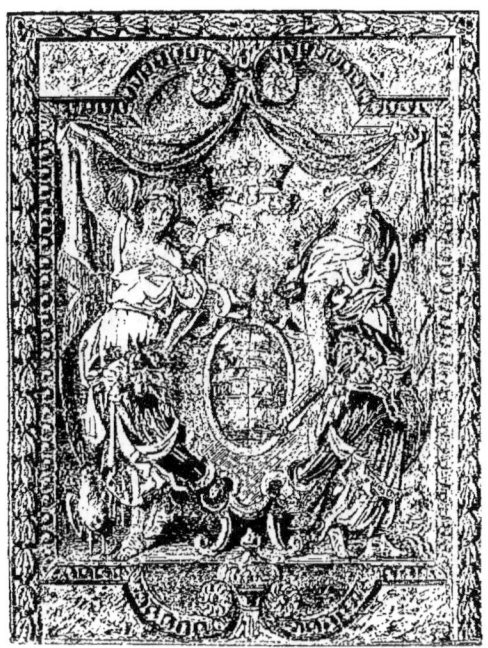

Fig. 74. — *Portière* composée par Charles Le Brun.

qui jusque-là avaient été rehaussées de ces métaux précieux. En 1686, sur son ordre direct, on interrompit brusquement une suite de l'*Histoire du roy,* dont Le Brun avait revu lui-même les modèles. Il espérait par cet éclat forcer le maître à la retraite. Puis, étendant à la famille de Le Brun son néfaste mauvais vouloir, il défendit qu'on mît sur les métiers un *Enlèvement d'Hélène* que Verdier, le propre neveu du célèbre artiste, avait peint en grand d'après les dessins de Raphaël.

Enfin Le Brun, dégoûté, découragé, désolé, s'éteignit, poursuivi jusqu'au delà de la mort par la haine de l'implacable ministre, qui lui donna pour successeur Mignard, son irréconciliable ennemi. Ce dernier comptait soixante-huit ans quand il fut appelé à assumer sur sa tête cette lourde direction. Il n'avait jamais eu ni l'activité, ni le genre de génie qui convenaient à une entreprise pareille. Il se fit suppléer par une de ses créatures sans esprit, sans talent, demeurée inconnue dans le monde des arts, qu'on nommait La Chapelle Bessé. Sous cette administration sans vigueur et sans souffle, la Manufacture produisit quelques suites remarquables. La *Galerie de Saint-Cloud,* notamment, reproduction des compositions dessinées par Mignard pour la grande galerie de ce château, et la *Tenture des Indes* — suite d'adaptations faites par Monnoyer, Houasse, Bonnemer et Yvart, de tableaux donnés à Louis XIV par le prince Jean-Maurice de Nassau — comptent au nombre des plus belles séries sorties des Gobelins à cette époque. Mais quand, en 1695, Mignard mourut, en même temps que s'évanouissait le prestige attaché au nom de ce maître, on vit se briser le dernier lien qui retenait cette famille d'artistes modèles. Les ateliers demeurèrent même fermés pendant près de cinq années; et lorsque Mansart et Robert de Cotte succédèrent à Villacerf et à Mignard, le personnel était encore dispersé, la fabrication désorganisée, les ateliers vides et déserts. La dureté des temps se faisait, en outre, vivement sentir. L'argent était rare, les ressources limitées, et l'avenir se présentait trop incertain pour qu'on pût rien entreprendre de considérable.

L'administration de Mansart fut donc peu brillante. On se contenta de retisser la *Tenture des Indes,* et de mettre sur les métiers les *Mois grotesques* d'Audran. Ce fut à peu près tout, et, en 1708, Mansart suspect à son tour et dis-

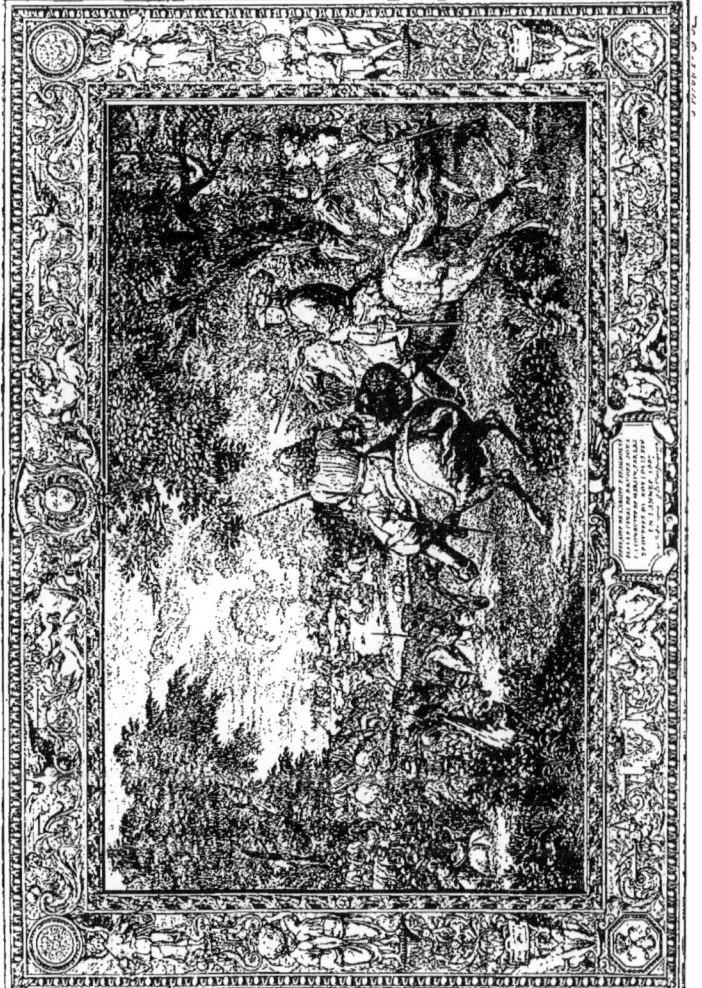

Fig. 75. — *Le Passage du Rhin* pièce de l'*Histoire du roi*, dessinée par Charles Le Brun.

gracié, étant mort d'une des « coliques de douze heures » qui, au dire de Saint-Simon, faisaient « beaucoup parler le monde », Louis XIV, par une de ces fantaisies de vieillards, qui se croient d'autant plus aptes à tout qu'ils se sentent plus affaiblis par les années, se déclara l'ordonnateur suprême et le Surintendant de ses propres Bâtiments, avec le duc d'Antin sous ses ordres.

Le duc d'Antin, aidé dans cette tâche, nouvelle pour lui, par Jules Robert de Cotte le fils, conserva la haute direction des Gobelins jusqu'en 1736, et, les circonstances s'étant faites meilleures, il put relever la fabrication, tombée si bas à la mort de Mansart. En 1711, on mit sur les métiers des modèles nouveaux. L'*Ancien Testament*, composé par Ch. Coypel, et le *Nouveau Testament* de Jouvenet et Restout occupèrent les artistes des Gobelins, avec ces tentures nommées des *Chancelleries*, panneaux à fond fleurdelisé orné des armes de France, que le roi donnait à ses chanceliers en exercice. En 1714, on attaqua les *Métamorphoses* de Delafosse, Bertin et Boulogne le Jeune, et en 1718 l'*Iliade* de Coypel. Puis on reprit la *Tenture des Indes*, les *Chasses* avec les *Mois de l'année*, les *Mois grotesques*, les *Belles Chasses de Guise*. Enfin en 1723 on commença la suite de *Don Quichotte* de Ch. Coypel, qui, terminée en 1727, obtint un tel succès que, répétée avec des alentours différents, — dont le plus réussi est celui de Lemaire le cadet, — cette tenture demeura presque en permanence sur les métiers jusqu'à la fin de l'Ancien Régime.

Ces tapisseries si vraiment décoratives et si françaises d'esprit et de composition, dont l'encadrement de taille variable peut être modifié suivant l'espace que la pièce doit recouvrir, pouvaient marquer l'aurore d'une esthétique nouvelle dans l'art qui nous occupe. On était en droit d'espérer que son immense succès pousserait la direction à commander à ses peintres attitrés d'autres compositions du même genre. Brusquement, et sans que rien justifiât ce retour en

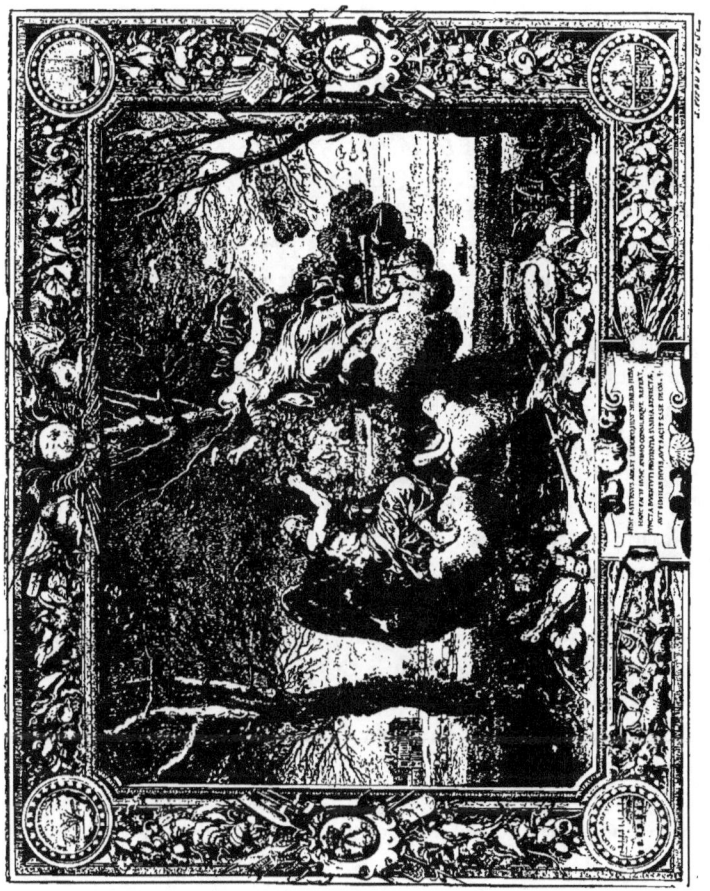

Fig. 76. — *La Terre*, pièce des *éléments*, exécutée d'après le modèle de Charles Le Brun.

arrière, on revint, sous l'administration du contrôleur général Orry, qui succéda au duc d'Antin, à ces grandes et solennelles compositions dont les *Actes des apôtres* avaient amené l'adoption imprudente. L'*Ambassadeur turc* de Parrocel (1737), l'*Histoire d'Esther,* de de Troy, commencée en 1739; les *Fragments d'opéra* de Ch. Coypel et les *Chasses de Louis XV* d'Oudry (1740), la *Tenture des arts* de Restout (1744), celle de l'*Histoire de Thésée* par Carle Van Loo, l'*Histoire de Jason* de de Troy et l'*Histoire de Marc-Antoine* de Natoire, toutes ces tentures, entreprises à partir de 1750, marquent le retour vers ces regrettables tendances.

Mais ce n'est pas seulement par le choix des sujets que cette période de la fabrication exerça son influence fâcheuse. Le Brun, et ce n'est pas là le moindre de ses mérites, tout en soumettant le personnel d'artistes placé sous ses ordres, à une rigoureuse discipline, avait compris que chaque art spécial comporte une interprétation qui lui est particulière. Il avait donc laissé aux tapissiers des Gobelins la liberté de traduire suivant leurs procédés les modèles qu'il leur fournissait, ne s'occupant pas de la façon dont l'effet était obtenu, pourvu qu'il fût satisfaisant. Coypel et surtout Oudry émirent une prétention toute différente. Ce dernier même, lorsqu'il eut été nommé inspecteur de la Manufacture, interdit aux tapissiers de se servir, pour rompre leurs tons, de hachures, et prétendit les obliger à suivre, dans la juxtaposition de leurs nuances, toutes les dégradations de la peinture.

Cette prétention ne manqua pas de soulever de grosses querelles entre les chefs d'ateliers et les peintres chargés des modèles. Malheureusement l'opinion publique, trompée par les sophismes d'Oudry, donna raison aux peintres. Sous la pression de cette façon de voir, la copie exacte, méticuleuse, des peintures devint peu à peu l'objectif de la Manufacture et de son personnel, au point qu'en 1757 on avait complètement renoncé à ces belles et riches bordures qui, jusque-là, avaient distingué les tapisseries des tableaux proprement dits, et qu'on leur substitua des copies de ca-

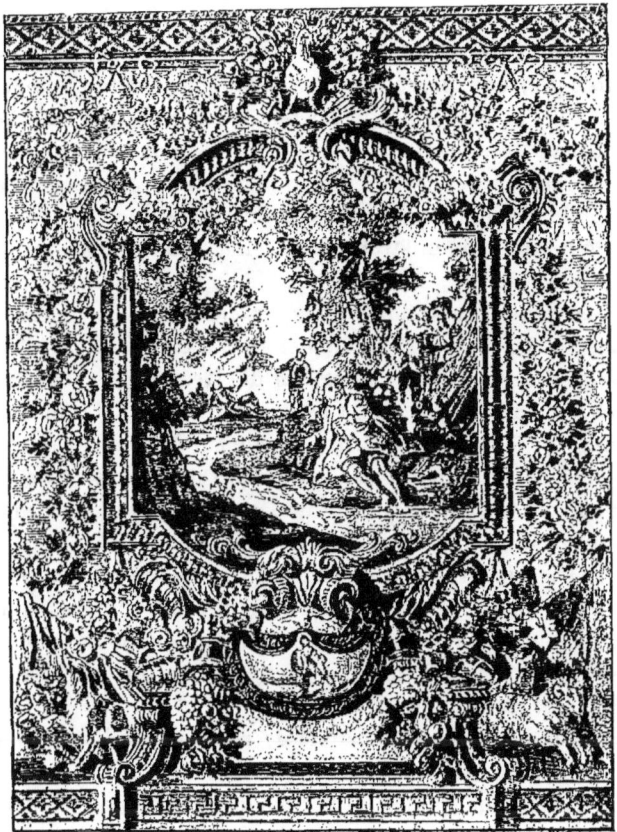

Fig. 77. — Pièce de l'*Histoire de Don Quichotte*, dessinée par Coypel.

dres en bois sculpté et doré, de l'effet le plus fâcheux et le plus ridicule.

Cette aberration éminemment regrettable s'explique d'autant moins qu'à ce moment les Gobelins se trouvaient placés sous la haute inspiration d'une femme d'un grand goût et d'un esprit supérieur. En 1743, l'administration du contrôleur Orry ayant pris fin, Mme de Pompadour, alors dans toute la fraîcheur de sa souveraineté, se montra jalouse de posséder à la tête d'un service aussi important et aussi artistique, une personne à sa complète dévotion. Lenormand de Tournehem, qui lui tenait par des liens mal définis, mais très étroits, fut mis en possession de la charge de directeur des Bâtiments, qui plus tard échut au marquis de Marigny, propre frère de la favorite.

Sous cette administration nouvelle, les principales suites exécutées furent, outre les pièces que nous avons déjà citées, plusieurs compositions gracieuses et fort décoratives de F. Boucher, notamment le *Lever* et le *Coucher du soleil; Didon montrant Carthage* de Restout; l'*Enlèvement d'Europe* de Natoire; la *Course d'Attalante* de Hallé; les *Génies* de la *Poésie,* de l'*Histoire,* de la *Physique,* de l'*Astronomie,* de Bachelier. Enfin un certain nombre de *Portraits* du roi, de la reine, et celui de Paris de Montmartel marquent la subordination définitive de la tapisserie à la peinture. Bien mieux, le choix fait au Garde-Meuble par Boucher et Soufflot de cadres destinés à être reproduits autour des panneaux, atteste la préoccupation d'imposer aux tapissiers la copie méticuleuse des tableaux qui leur étaient livrés par les peintres.

Pierre est le dernier artiste de réel mérite dont le nom se trouve intimement lié à l'histoire des Gobelins sous l'Ancien Régime. Avant lui Soufflot (1755) avait pendant quelques années, grâce à l'autorité de son nom et de ses relations, maintenu l'ordre dans les ateliers; mais la persuasion où il était que l'idéal du tapissier doit être de copier la peinture au point de créer l'illusion, n'était pas pour faire cesser les dissentiments qui, nés sous l'administration d'Oudry, avaient sommeillé sous celle de Boucher, pour reprendre de plus belle après la mort de ce grand artiste.

D'une part les entrepreneurs de la Manufacture, Cozette, Audran, Neilson, continuaient de se refuser à subir le joug des peintres, dont les exigences se faisaient de plus en plus pressantes ; les tapissiers, d'autre part, retardés dans la marche de leur ouvrage par ces mêmes exigences, réclamaient le payement à la journée au lieu du travail à la tâche, que ni

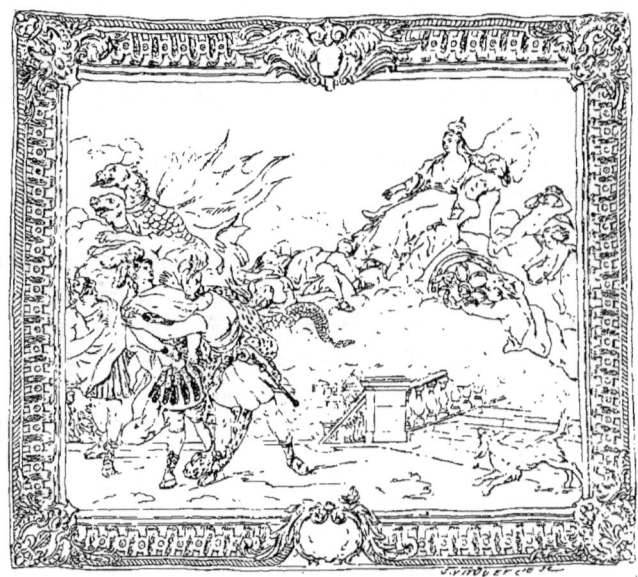

Fig. 78. — Pièce de l'*Histoire de Jason*, dessinée par de Troy.

les améliorations introduites dans la fabrication par Neilson, ni la transformation des métiers de basse lice par Vaucanson, n'avaient pu rendre rémunérateur.

En vain Louis XVI et Marie-Antoinette, à l'instigation de M. d'Angiviller, parurent-ils témoigner à la Manufacture et à son personnel un bienveillant intérêt. Les difficultés étaient d'un ordre trop pressant pour que les visites royales, l'exposition des tapisseries à Versailles et d'autres palliatifs de même sorte pussent remédier à cette situation trop tendue. De 1782 à 1789, c'est-à-dire pendant tout le temps qu'il demeura à la tête de la Manufacture, Pierre résista aux demandes justifiées du personnel. Guillaumot, qui lui succéda, moins routinier ou plus hardi, dut entrer dans une voie nouvelle. Le 23 décembre 1790, les tapissiers furent placés sous le régime de la solde fixe, qui est demeuré en vigueur jusqu'à nos jours. Mais, à ce moment, il était déjà trop tard pour faire des expériences profitables, et des événements se préparaient qui allaient compromettre de nouveau l'existence de notre grande Manufacture.

Ajoutons que cette période, si elle fut néfaste au point de vue économique, ne fut guère plus heureuse au point de vue de l'Art. Sous le règne de Louis XVI, en effet, les ateliers des Gobelins furent presque uniquement occupés à reproduire de vastes pages d'histoire de Vincent, représentant *Sully aux pieds de Henri IV, Henri IV prenant congé de Gabrielle d'Estrées*, l'*Évanouissement de la belle Gabrielle*, etc. Pour alterner avec ces tableaux médiocrement réjouissants, on mit sur les métiers : la *Mort de Léonard de Vinci* par Rameau ; la *Continence de Bayard* par Brenet ; le *Siège de Calais*, la *Mort d'Étienne Marcel*, par Barthélemy, etc., grandes compositions assez peu décoratives.

Ces œuvres poncives, qui pour la plupart demeurèrent inachevées, nous conduisent à la période révolutionnaire, sur laquelle nous passerons rapidement. Le trouble qui agitait la rue fit sentir ses effets au dedans de la Manufacture, et la crise que traversait le pays eut son contre-coup dans les ateliers. Non seulement les métiers furent abandonnés, mais, dans un moment d'exaltation républicaine, on détruisit solennellement, dans la grande cour des Gobelins, un certain nombre de tapisseries, qui au tort impardonnable de représenter des sujets prétendus subversifs, joignaient celui de porter des armoiries dans leurs bordures. Cependant il serait injuste de ne pas constater que, durant ces temps si troublés, les hommes politiques les plus considérables n'hésitèrent pas à étudier le fonctionne-

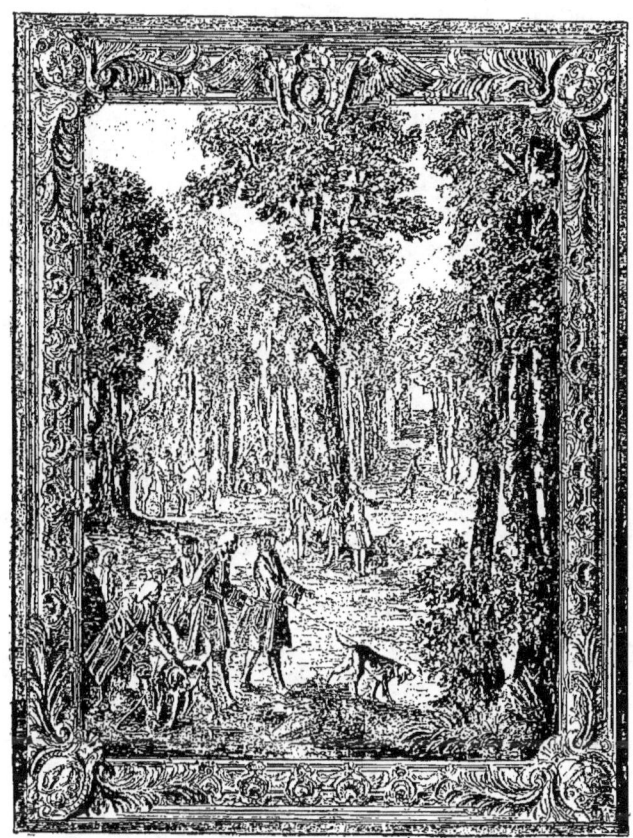

Fig. 79. — Les *Chasses de Louis XV*, suite dessinée par Oudry.

ment des Gobelins au point de vue, non encore envisagé, des avantages que l'intérêt général et l'industrie privée pouvaient tirer de la conservation et de la réorganisation d'un grand établissement de ce genre.

Les rapports des ministres Roland et Paré, bien que présentant la question sous deux aspects fort opposés, peuvent être regardés comme le point de départ des idées qui ont prévalu depuis ; et si l'on doit blâmer les administrateurs d'alors d'avoir arrêté la fabrication d'œuvres admirables et d'avoir détruit un grand nombre de tapisseries de la plus haute valeur, encore ne peut-on que leur savoir gré d'avoir eu la pensée de faire servir les travaux d'ateliers entretenus par l'État à l'instruction générale de la Nation. Malheureusement, c'est en commandant aux tapissiers de reproduire *Lepelletier de Saint-Fargeau sur son lit de mort, Marat dans sa baignoire,* et d'autres scènes analogues, qu'on s'efforça d'arriver à ce résultat. On devine si ces divers sujets rentraient dans le domaine de la tapisserie.

C'est à Napoléon Ier qu'on doit la réorganisation des Gobelins ; mais il faut constater que cette réorganisation fut beaucoup moins inspirée à l'empereur par le désir de donner suite aux intentions si profondément honnêtes des ministres républicains, que par le besoin de copier en toutes choses l'ancien faste royal, et de reprendre les traditions interrompues par la Révolution. Il est curieux, en effet, de remarquer les analogies frappantes qui se révèlent entre le rôle assigné par Louis XIV aux Gobelins, et celui que le premier Bonaparte prétendit leur faire jouer sous son règne. Non seulement le but que notre grande Manufacture dut viser, en ses travaux, fut de meubler les résidences impériales « avec la magnificence qui convient à l'empereur des Français[1] », mais, de même que sous Louis XIV on avait mis sur les métiers une *Histoire du Roi,* de même sous le premier des Napoléon on commença une histoire de l'Empereur. Le *Napoléon au Saint-Bernard* de David ; le *Matin de la bataille d'Austerlitz* de Carle Vernet ; la *Reddition de Vienne* par Girodet ; *Napoléon donnant la croix à un*

---

1. *Lettre du comte Daru à Guillaumot,* 9 août 1805.

soldat russe par Debret; la *Clémence de Napoléon* par Ch. de Boisfremont; *Napoléon distribuant des épées d'honneur* par Gros, et vingt autres compositions chargées de populariser et de fixer la légende napoléonienne, furent entreprises. 1814 survint avant l'achèvement du plus grand nombre de ces panneaux.

Indépendamment de ces vastes tentures historiques, les Gobelins fabriquèrent de 1806 à 1815 un chiffre considérable de pièces représentant la famille impériale, ainsi que des scènes mythologiques ou allégoriques, copiées sur les tableaux de Ledoyen, de Ménageot, de Suvée, etc. Mais si Napoléon reprit les traditions de Louis XIV quant à la destination des œuvres fabriquées aux Gobelins, les ateliers, par contre, demeurèrent, dans l'exécution de ces ouvrages, fidèles aux errements mis en honneur par Oudry et par les peintres du XVIIIe siècle. David, qui

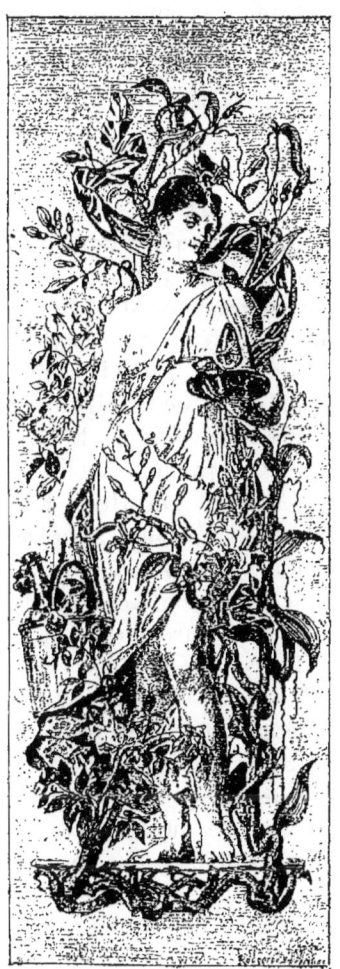

Fig. 80. — Les *Glaces*, panneau décoratif pour le foyer de l'Opéra, et composé par M. Mazerolles.

resta le grand inspirateur de la période impériale, avait, en effet, une trop haute idée de son génie, de sa personne et de son art, pour penser un seul instant que la peinture dût tenir compte, dans la confection des modèles, des exigences de la tapisserie. Cette dernière continua donc à copier des tableaux.

Sous la Restauration et le règne de Louis-Philippe, on poursuivit ce même objectif avec un acharnement digne d'une meilleure cause. Il faut rendre, de plus, cette justice à la Restauration, qu'elle fit preuve, dans son administration, de presque autant de passion politique que la Révolution en ses journées les plus ardentes. Les tapisseries commencées avant 1815, sous la direction de Lemonnier, furent brusquement remplacées sur les métiers par la *Vie de saint Bruno* d'après Lesueur, par le *Martyre de saint Étienne* d'après Abel de Pujol, par *Pierre le Grand sur le lac Ladoga* d'après Steuben, par la *Bataille de Tolosa* d'après Horace Vernet, et par une suite de sujets rappelant la vie intime de François Ier et de Henri IV, et qu'on appelait alors « les grandes scènes de l'histoire de France ». En outre, M. des Rotours fit substituer aux portraits des princes de la famille impériale, ceux du duc et de la duchesse d'Angoulême par le baron Gros, du comte d'Artois et de la duchesse de Berry par Gérard, et du jeune Louis XVII par Lawrence.

Une œuvre considérable, toutefois, signale cette période à l'attention des amateurs. Nous voulons parler de l'*Histoire de Marie de Médicis*, d'après les peintures de Rubens, qui, commencée quelques mois avant la révolution de 1830, ne fut achevée qu'en 1840 et comprend 14 grandes pièces, dont les dimensions varient de $3^m,90$ à $4^m,65$ en hauteur, sur 3 mètres à $3^m,20$ de largeur. Cette admirable tenture coûta plus de 700,000 francs. Indépendamment de ces tapisseries tout exceptionnelles, l'administration de M. Lavocat, qui avait succédé à M. des Rotours, se distingua par de nombreuses reproductions de tableaux.

Ces traditions persistèrent sous le règne de Louis-Philippe et sous la seconde République. On eût alors beau-

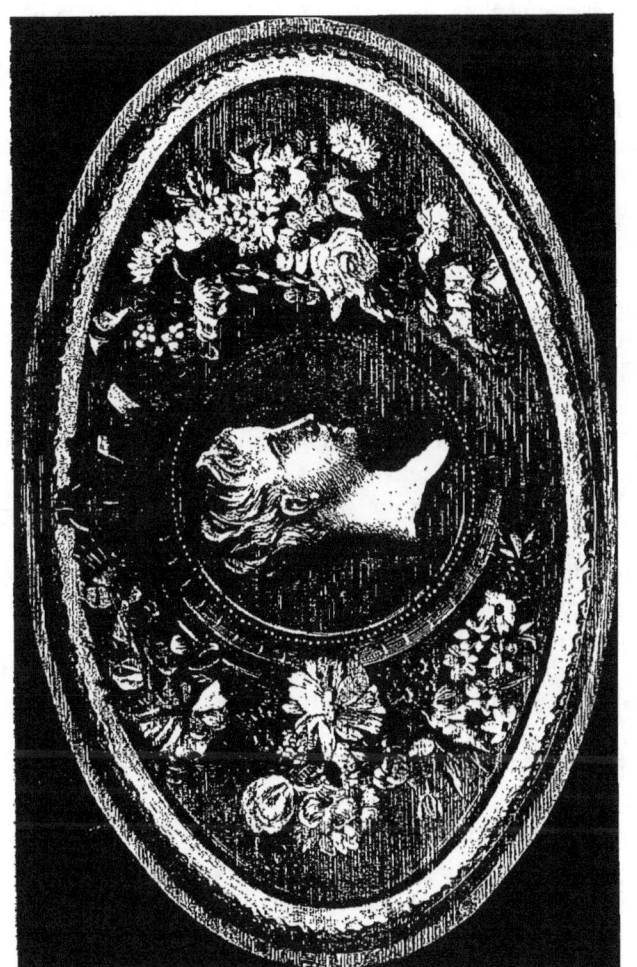

Fig. 81. — *Dessus de porte* pour le palais de l'Élysée, composé par M. P. V. Galland.

coup surpris les tapissiers eux-mêmes, en leur disant que la Manufacture pouvait revendiquer un titre de gloire plus précieux que l'imitation stricte de la peinture; et le personnel était plus fier de cette copie de tableaux que de tous ses travaux antérieurs. Quant aux peintres, cette reproduction illusionnante les comblait de joie. Horace Vernet, à la vue de la tapisserie représentant son *Massacre des Mameluks,* s'écriait que jamais on n'avait fait mieux. On poussa même cette passion de l'imitation picturale, jusqu'à dénaturer le caractère et la grandeur des œuvres anciennes reprises sur les métiers. Quelques pièces des *Actes des apôtres,* interprétées d'après ces préoccupations, perdirent, à être ainsi traitées, leurs qualités magistrales.

C'est seulement sous le Second Empire que l'on commença de revenir sur cet enthousiasme si fécond en fâcheuses conséquences. On ne renonça point encore à la copie des peintures, mais celle-ci cessa d'être considérée comme le but suprême de l'art du tapissier. A côté de la *Transfiguration,* de la *Vierge au poisson,* de la *Sainte Famille* de Raphaël, de l'*Assomption* du Titien, de la *Mise au Tombeau* du Caravage, on mit sur les métiers toute une suite de panneaux destinés au palais de l'Élysée, et dont les cartons, dus à la collaboration de MM. Baudry, Dieterle, Lambert et Chabal-Dussurgey, rappelaient, par le style et la disposition, les *Portières des Dieux* d'Audran, et par conséquent les modèles du meilleur temps. Ces beaux ouvrages, ainsi que les cartons de Baudry, disparurent dans l'incendie de la Manufacture survenu en 1871.

Depuis cette époque, faute de crédits suffisants accordés par les Chambres, notre grand et illustre établissement n'a pu être relevé de ses ruines. Mais il n'a pas cessé pour cela de travailler. Dans ses salles basses, mal éclairées, presque partout étayées pour éviter l'écroulement, on a continué de fabriquer ces tissus merveilleux qui font depuis deux siècles l'admiration du monde entier.

Sous l'intelligente et active direction de M. Darcel, qui succéda après 1871 à M. Lacordaire, on dut achever certaines pièces mises antérieurement sur les métiers et représentant des tableaux anciens : le *Saint Jérôme* du Corrège, la *Charité* d'André del Sarte, etc. ; mais ce qui a distingué surtout la direction de M. Darcel, c'est un retour marqué vers les anciennes traditions de la Tapisserie française, vers l'emploi des tonalités simples, mélangées et rompues par des hachures, substitué aux dégradations infinies de nuances toujours fragiles. La traduction de modèles spécialement composés pour la tapisserie et ayant le véritable caractère décoratif qui convient à ce bel art, a fait, en outre, entrer la fabrication des Gobelins dans une voie nouvelle et provoqué une sorte de Renaissance.

Le *Vainqueur* exécuté d'après le carton de M. Ehrmann; les figures décoratives de M. Mazerolles, destinées au buffet de l'Opéra; celles qu'a peintes M. Lechevallier-Chevignard pour le musée de Sèvres, si elles ne font point oublier les chefs-d'œuvre de la grande époque, permettent cependant de prévoir les résultats qu'on pourra, par la suite, obtenir de cette réforme féconde.

Le successeur de M. Darcel, M. Gerspach, heureusement secondé dans sa tâche par le Conseil de perfectionnement de la Manufacture, et surtout par M. P. V. Galland, directeur des travaux d'art, a, jusqu'à ce jour, persévéré dans cette voie excellente. La tapisserie de l'*Audience du légat,* reprise récemment sur les métiers, en prouvant qu'on peut refaire aujourd'hui, sans effort, les plus belles pièces produites sous le règne de Louis XIV, aura cet avantage de familiariser nos tapissiers actuels avec la pratique et les procédés de leurs illustres prédécesseurs, alors que les charmants panneaux exécutés pour l'Élysée d'après les gracieuses peintures de M. Galland, montrent que, comme perfection technique, notre grande Manufacture est toujours digne de sa réputation magistrale.

IX

LA MANUFACTURE DE LA SAVONNERIE

L'atelier qu'on désigne encore aujourd'hui sous ce nom, à la Manufacture des Gobelins, a jadis constitué un établissement particulier. Il se distingue des ateliers de haute lice, en ce qu'on n'y fabrique que des tapis veloutés. Nous avons expliqué dans la première partie de ce livre la différence qui existe comme aspect et comme technique entre ces deux genres de fabrication. Nous avons, en outre, établi dans le IIIe chapitre de notre seconde partie que les tapissiers sarrazinois, dont la spécialité était justement de fabriquer des tapis de haute laine, avaient formé, dès le règne de Philippe-Auguste, une corporation puissante et respectée. Et comme il n'existe aucune raison sérieuse pour supposer que cette sorte de tapis ait jamais été complètement abandonnée, il y a quelque témérité à attribuer, comme l'ont fait certains écrivains, à Pierre du Pont, fondateur de la Manufacture de la Savonnerie, l'honneur d'avoir, sinon inventé, du moins réintroduit dans notre pays la confection de ces sortes d'ouvrages.

Pierre du Pont, « natif de Paris, fils de noble homme M. François du Pont (en son) vivant trésorier payeur de la gendarmerie de France », reconnaît, au surplus, dans le très curieux livre où il a retracé, avec son autobiographie, l'histoire de ses débuts dans l'industrie, la haute antiquité des tapissiers sarrazinois, dont il se proclame le continuateur[1]. La seule invention technique dont il se glorifie, — et nous verrons bientôt que dans l'espèce elle avait son im-

---

1. Voir la *Stromatourgie, ou de l'excellence de la manufacture des tapits de Turquie*; Paris, 1632.

portance, — c'est d'avoir su combiner « les outils et vraye métode pour faire travailler les enfans avec facilité[1] ». Ce que nous révèle, en outre, un autre livre sensiblement postérieur, mais très exactement renseigné[2], c'est que « dégoûté de la distribution imbécile que les Asiatiques font des belles couleurs employées dans les tapis sarrazinois et de ces figures bizarres et sans goût dont ils remplissent leurs tapis, cet habile homme ne se proposa rien moins que d'imiter la nature même par son travail, et y réussit fort bien ». Autrement dit, Pierre du Pont substitua aux dessins *à plat* des Orientaux la simulation de reliefs, et remplaça les ornements géométriques par la représentation de guirlandes, de bouquets, de mascarons et même de figures[3].

Quoi qu'il en soit, en l'année 1604, du Pont, fort jeune encore, eut l'honneur de présenter à Henri IV les premiers échantillons de son savoir-faire. Ces spécimens parurent assez satisfaisants pour que le roi donnât l'ordre à M. de Fourcy d'établir, pour leur auteur, un atelier et un logement au rez-de-chaussée de la Grande Galerie du Louvre. Plus tard, continuant d'apprécier ces travaux, le roi « promist, en la présence de beaucoup de seigneurs, d'establir ladite manufacture par toute la France, ainsi qu'il avoit

[1]. Cette préoccupation de l'emploi des enfants à la fabrication des tapis de haute laine ressort, du reste, très clairement de nombreux passages de la *Stromatourgie*, notamment de ceux où du Pont décrit le costume que ses ouvriers doivent revêtir, et de ceux où il s'élève contre la prétention qu'on a de faire de sa manufacture une école « où les enfans se jouans incitent ceux qui travaillent à faire le semblable... de façon que bien souvent par malice (ils) rompent ou gastent les estoffes, ou ne font rien qui vaille quand ils se voient retenus au travail. »

[2]. Le *Nouveau Recueil des statuts et règlements du corps de communauté des maîtres marchands tapissiers*, etc.; Paris, 1756.

[3]. Il existe au musée de la Manufacture des Gobelins un panneau en tissu de la Savonnerie, œuvre probable de Pierre du Pont, représentant une allégorie relative à la mort de Louis XIII, où l'on voit le roi transmettant le pouvoir à son fils Louis XIV, en présence de la reine Anne d'Autriche vêtue en Minerve, du jeune duc d'Orléans et de la Renommée.

faict celle des tapisseries de Flandres, de l'or de Milan, des estoffes de draps d'or et de soye et d'autres : affin (comme il disoit) d'empescher le transport de l'or et de l'argent qui se fait hors du pays, par le traffic continuel desdites estoffes, et par ainsi enrichir la patrie et faire travailler une infinité de fainéans et vagabonds ». Mais la mort le surprit avant que cette promesse se trouvât réalisée ; et ce fut seulement en 1627 que Pierre du Pont put établir à Chaillot un atelier privilégié d'une certaine importance.

Cet établissement fut logé dans des bâtiments construits sous le règne précédent, et qu'on avait primitivement destinés à abriter une savonnerie, d'où le nom assez étrange que conserva depuis lors la Manufacture. A la mort de Henri IV, l'usine avait été convertie en un asile d'orphelins, et une des clauses du privilège accordé à du Pont et à Simon Lourdet, son élève, devenu son associé, obligeait les deux entrepreneurs à enseigner leur métier à ces enfants, auxquels par la suite on réunit les jeunes vagabonds recueillis dans les ateliers de la Trinité.

Mais la bonne harmonie ne régna pas longtemps entre les deux associés. Appuyé par les administrateurs des biens des pauvres, Simon Lourdet évinça Pierre du Pont, occupa seul les bâtiments de la Savonnerie et, empêchant « par ses menées et sourdes pratiques » son ancien maître de pénétrer dans la Manufacture, l'obligea de se retirer dans son atelier du Louvre, qui lui avait été conservé.

On peut croire que Pierre du Pont ne se laissa point mettre dehors sans protester avec énergie. Son livre est rempli de plaintes amères contre son ci-devant apprenti et contre les administrateurs qui soutenaient ses prétentions. Il fit mieux que de se plaindre ; il saisit l'autorité royale et les tribunaux de ses réclamations. Mais les *Arrêts* et *Ordonnances* ne purent amener une réconciliation. Enfin, après dix ans de débats incessants, des *Lettres patentes* (30 septembre 1637) maintinrent à du Pont la pension qui lui avait été précédemment accordée, prolongèrent cette pension de vingt ans, avec réversibilité sur ses héritiers; mais ces *Lettres* le confinaient dans son atelier du Louvre, tandis que Simon Lourdet, par d'autres *Lettres patentes* datées du 25 mars 1643, obtenait, avec le titre officiel d'« entrepreneur de la Manufacture royale des tapis de Turquie et du Levant », une prolongation de privilège pour dix-huit autres années.

Par son nouveau privilège, Lourdet recevait, tous les ans, de l'hôpital général, soixante enfants qu'il gardait en apprentissage pendant six années, et pour chacun desquels il lui était alloué une indemnité de 136 livres. Plus tard, un peintre de l'Académie royale fut chargé d'inspecter les modèles, et d'enseigner le dessin aux apprentis jugés capables de l'apprendre. Dès cette époque, les travaux de la Savonnerie étaient fort estimés. En 1659 Lourdet exécutait pour la reine un tapis de pied qui fut particulièrement admiré. Trois ans plus tard, Philippe Lourdet, qui avait succédé à son père, fit commencer la fabrication du célèbre tapis de la Grande Galerie du Louvre, dont Baudrin Yvart et Francart avaient donné les modèles peints aux Gobelins. Ce tapis, une des œuvres les plus considérables en ce genre qui aient été jamais exécutées, ne comprenait pas moins de 92 pièces de dessin varié, comptant chacune 7 aunes et demie de longueur sur 4 à 5 de largeur, et divers articles des *Comptes des Bâtiments* nous apprennent que de 1664 à novembre 1683, il fut payé 280,591 livres pour la fabrication de ce colossal ouvrage.

Au cours de ce grand travail, Philippe Lourdet était mort (1671), et sa femme Jeanne Haffrey lui avait succédé avec le titre de « Tapissier et directeur de la manufacture de la Savonnerie ». Mais une femme, quelque capable qu'elle fût, ne pouvait guère conduire un personnel aussi nombreux et surtout aussi jeune. L'année suivante, Louis du Pont, qui avait hérité des privilèges de son père, et qui dirigeait l'atelier du Louvre, après avoir travaillé pour la Couronne à « divers ouvrages des tapisseries façon du Levant », lui était associé et obtenait en 1678, conjointement avec elle, le titre de « Tapissier du Roi et directeur de la Savonnerie ».

La crise que traversa la royauté à la fin du XVIIe siècle et qui frappa si rudement (nous l'avons vu) la Manufacture des Gobelins, fut également désastreuse pour la Savonnerie. Un moment les ateliers furent déserts et les métiers abandonnés. Ce fut le duc d'Antin qui donna à ce second établissement un regain d'activité. En 1711, il commanda à la veuve Lourdet et à du Pont six tapis, qui occupèrent les métiers pendant près de dix années. En outre, la Manufacture produisit, durant cette période, un certain nombre de meubles et de sièges, dont Audran, Blin de Fontenay, Ch. Coypel et Desportes fournirent les dessins.

A la mort de la veuve Lourdet (1713), Louis du Pont réunit dans sa main tous les services et resta l'unique directeur. En 1721, son parent Jacques de Noinville lui succéda; puis, en 1743, la direction passa au sieur Duvivier. A ce moment, la Manufacture se recommandait plus par la perfection de ses ouvrages que par le chiffre de sa production. Elle comptait seulement 20 ouvriers et 9 apprentis. Ses métiers travaillaient presque exclusivement pour la Couronne. En 1724, ils avaient exécuté un tapis pour la chambre du roi; en 1726, un tapis pour la salle du Trône à Versailles; en 1731, un tapis pour l'Académie de France à Rome; en 1733, quatre tapis pour le château de Fontainebleau. Trianon et Choisy avaient reçu également des tapis de la Savonnerie, qui, vers la même époque, fabriqua un meuble très important pour Mme de Pompadour.

Malgré cela, la situation demeurait précaire. Les prix de revient, trop élevés, empêchaient les commandes de se renouveler. Aussi en 1761 Soufflot s'efforça-t-il de rendre la production moins coûteuse, d'abord en introduisant dans les ateliers une sorte de métier se rapprochant de la basse lice, et plus tard (1763) en augmentant la grosseur de la chaîne, ce qui permettait de diminuer d'autant le travail du

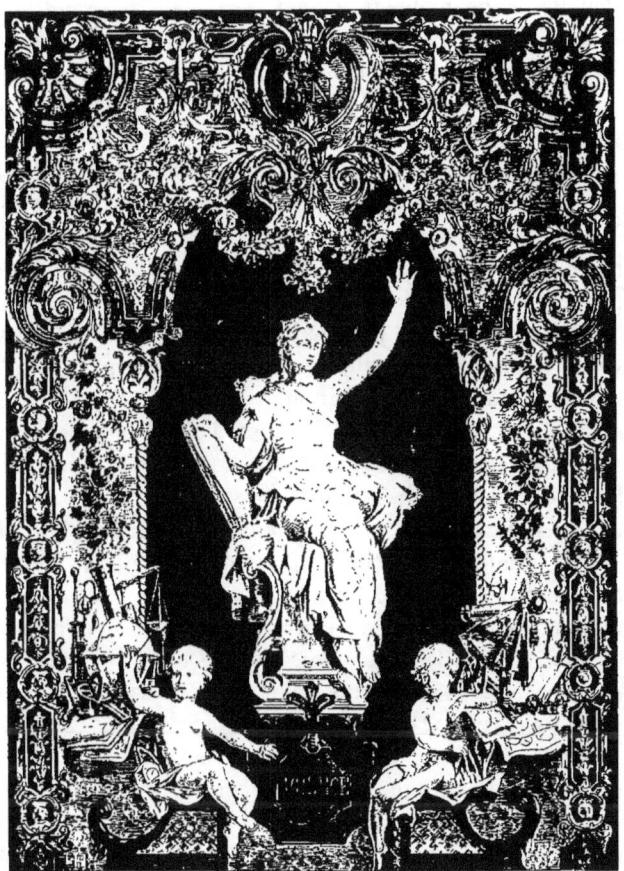

Fig. 82. — La *Science,* panneau décoratif destiné à la Bibliothèque nationale, dessiné par M. Luc-Olivier Merson et exécuté par la Savonnerie.

tapissier. Cette réforme, malheureusement, venait trop tard. Une nouvelle crise se préparait, bien autrement terrible que celles déjà subies. Le trésor royal, en outre, était à sec. En 1780, Duvivier se plaignait amèrement de n'avoir pas reçu depuis six ans le payement d'une seule commande officielle. A ce moment, la détresse était si grande que, pour empêcher la ruine de la Savonnerie, on étudia un projet comportant la réunion de cette Manufacture à celle des Gobelins. La Révolution empêcha de donner suite à ce projet, qui devait se réaliser quarante ans plus tard.

Ce fut seulement sous le Consulat qu'un peu d'activité fut rendue à notre établissement. Sa prospérité revint avec l'Empire. En 1812 le nombre des artistes était remonté à 40, et le budget de la Manufacture se trouvait fixé entre 65,000 et 75,000 francs. Les palais impériaux qu'il fallait meubler absorbaient toute sa production. Bien loin de décroître avec la Restauration, celle-ci se développa encore. En 1817 le budget de la Savonnerie était porté à 93,000 francs, en 1825 il s'élevait à 118,600 francs. Enfin l'année suivante cette Manufacture était réunie à celle des Gobelins, dont elle ne devait plus être séparée.

Cette réunion, tout en entraînant une subordination relative, ne diminua pas la production des métiers. De très vastes ouvrages continuèrent d'être exécutés. En 1833, le grand tapis du chœur de Notre-Dame, mesurant près de 200 mètres ; en 1840, le tapis de la salle du Trône, aux Tuileries ; en 1842, le tapis de la salle de concert pour ce même palais ; en 1843, le tapis de la salle du Conseil à Saint-Cloud, attestent la fécondité de cet atelier sous le règne de Louis-Philippe. Malheureusement, à cette époque, il s'en fallait de beaucoup que le goût correspondît à l'abondance de la production. Sous le Second Empire, des artistes de grand talent, Despléchin, Diéterle, Séchan, Chabal-Dussurgey, modifièrent le caractère des modèles, qui acheva de se transformer sous la troisième République.

Le prix de la main-d'œuvre, de plus en plus coûteux (près de 6,000 francs le mètre superficiel), fit considérer que ces beaux tissus ne pouvaient plus, comme par le passé, être foulés aux pieds. On employa donc les métiers à la confection de tentures décoratives. Le Panthéon, la Bibliothèque nationale, l'Élysée, furent ainsi gratifiés de tentures veloutées dont les compositions, fournies par MM. Charles Lameire, Lavastre, Luc-Olivier Merson, et traduites avec un talent incomparable, n'ont pas donné toute la satisfaction qu'on était en droit d'attendre de la collaboration de peintres aussi illustres et de tapissiers aussi éprouvés.

On a blâmé, non sans raison, l'emploi vertical de ces beaux tissus veloutés. On a critiqué le manque de précision que leurs poils communiquent à des figures humaines qui demanderaient au contraire beaucoup de netteté et un dessin fermement écrit. On a fait remarquer, en outre, que le velouté n'avait de raison d'être que lorsqu'il se trouve en contact avec le corps humain, et que cette propriété d'être doux au toucher et moelleux n'avait aucun intérêt quand le tapis est appliqué contre une muraille.

Toutes ces observations étaient trop justes, en apparence, pour n'être pas goûtées. En sorte que la fabrication de la Savonnerie, un peu déroutée par ces divers essais, semble éprouver quelques difficultés à retrouver la voie qui lui rendra son ancienne splendeur.

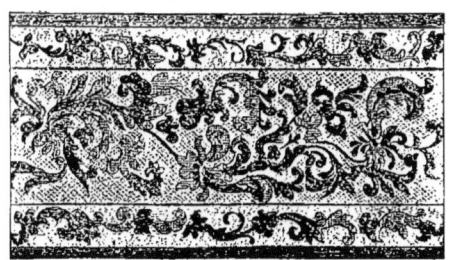

X

LA MANUFACTURE DE BEAUVAIS

Dès le xv⁰ siècle la ville de Beauvais avait acquis une juste célébrité par la fabrication de ses tissus de laine, et notamment de ses serges. En outre, c'était sur son marché que se centralisait le commerce des étoffes de ce genre, manufacturées dans la contrée, et elle était à cause de cela le lieu de résidence d'un Inspecteur des manufactures dont la juridiction s'étendait sur Mouy, Méru, Courcelles, Méry, Vaux, Fretoy, Orvilliers, Halluin, Glatigny, Crèvecœur, Blicourt, Puchy, Piseleu et Senlis. Cette cité était donc merveilleusement préparée pour voir s'installer dans ses murs une fabrique de tapisseries. M. Guiffrey cite un certain Robert Lestelier qui, dès 1519, tissait à Beauvais des tentures historiées. Toutefois c'est seulement en 1664 que cette production prit un caractère définitif et régulier, par l'institution d'une Manufacture royale de tapisserie.

Fondé par Colbert, ce nouvel établissement eut pour premier directeur Louis Hynart, dont la mission devait être d'attirer dans cette partie de la France des tapissiers étrangers, surtout des Flamands, et de former, grâce à la présence de ces artisans expérimentés, une pépinière de jeunes artistes qui se seraient répandus dans tout le Royaume. C'est pourquoi le privilège accordé à Hynart renfermait deux clauses spéciales, qu'on ne retrouve nulle part ailleurs. Il lui était accordé un subside pour chacun des ouvriers étrangers qu'il parvenait à retenir chez lui, et un secours était alloué par le roi à tous les apprentis qui entraient à la Manufacture. La fabrication à laquelle Hynart devait donner ses soins consistait en tapisseries de *verdures* et *bocages*. Il pouvait faire également sur commande des tapisseries à personnages, et employer les métiers de haute et basse lice, à son choix.

D'importantes subventions qui lui furent attribuées par Colbert lui permirent d'élever les bâtiments nécessaires et de s'approvisionner des matières indispensables. Les constructions achevées, il obtint pour son établissement le titre de *Manufacture royale,* et dans les commencements travailla exclusivement pour la Couronne. Les *Comptes des Bâtiments* mentionnent un certain nombre de tentures « à personnages et bestiaux », sans doute dans le goût de Téniers. Ils parlent également de verdures, de paysages et d'une « Nopce en Picardie », qui furent expédiés à Versailles. Mais l'indiscutable supériorité des Gobelins fit préférer la fabrication parisienne à celle de Beauvais, et à partir de 1680 cette Manufacture travailla plus spécialement pour le commerce.

En 1684, l'administration de Beauvais passa des mains de Louis Hynart en celles de Philippe Behagle, artiste habile et administrateur dévoué, qui, en dépit des événements douloureux traversés alors par notre pays, parvint, avec l'aide de sa famille, à maintenir l'établissement et à lui conserver sa réputation. Employant ses fils à conduire ses métiers, pendant que sa fille dirigeait un atelier où l'on fabriquait de la dentelle, Behagle établit, le premier, à Beauvais, une école publique de dessin, où ses ouvriers purent se perfectionner. En 1694, quand les Gobelins, faute d'argent, durent fermer leurs portes, il offrit à un certain nombre d'artistes une hospitalité généreuse, et empêcha, de la sorte, la dispersion complète de ce personnel d'élite.

Behagle mourut en 1704 ; ses héritiers continuèrent à diriger la Manufacture jusqu'en 1710, où ils abandonnèrent l'entreprise aux frères Filleul, commandités par Gabriel Danse, conseiller, lieutenant du maire de Beauvais. L'administration des frères Filleul fut désastreuse.

Déchus de leur privilège, ils furent remplacés en 1722 par Mérou, dont les débuts, grâce à la reproduction de modèles composés par Oudry, obtinrent un certain succès, mais dont l'administration fut si peu régulière, qu'en 1733 il était non seulement destitué, mais condamné à payer au roi, à titre de restitution, une somme de 90,000 livres.

Les successeurs de Mérou furent Besnier, ancien échevin de la ville de Paris, et le célèbre peintre Oudry, qui depuis quelques années déjà approvisionnait la Manufacture de ses modèles. Cette période de l'existence de Beauvais peut, à bon droit, être regardée comme la plus florissante. Oudry réorganisa sur des bases nouvelles l'école de dessin fondée par Behagle. Il parvint à reconstituer le séminaire des apprentis, qui depuis longtemps ne donnait plus de résultats sérieux. Il renouvela les modèles, réduisit les dimensions des tentures, de façon à les accommoder aux proportions moindres des nouveaux appartements. Enfin il fit fabriquer un nombre considérable de petits meubles, écrans, fauteuils, canapés, etc., qui furent particulièrement goûtés. C'est de ce temps que datent les *Chasses nouvelles,* les *Amusements champêtres,* les *Comédies de Molière,* les *Fables de La Fontaine,* ouvrages qui sont aujourd'hui extrêmement recherchés.

Alors que l'administration de leurs prédécesseurs avait été désastreuse, Oudry et Besnier trouvèrent moyen de faire fortune. Besnier se retira le premier en 1754. Oudry, qui prit alors pour associé A.-C. Charron, mourut l'année suivante, et ce dernier se trouva de la sorte seul à la tête de la Manufacture. Il se conforma aux traditions de l'administration précédente et s'en trouva bien. Grâce à l'intelligente collaboration des peintres Juliart, Joseph du Mons et Casanova, et au concours du célèbre F. Boucher, qui lui fournit quelques modèles, il produisit une quantité de sièges et d'écrans représentant de gracieuses *bergeries* et d'amusantes *pastorales.* En 1780, quand il prit sa retraite, bien que le goût des tapisseries eût commencé à passer, il n'avait pas amoindri sa position, et son successeur

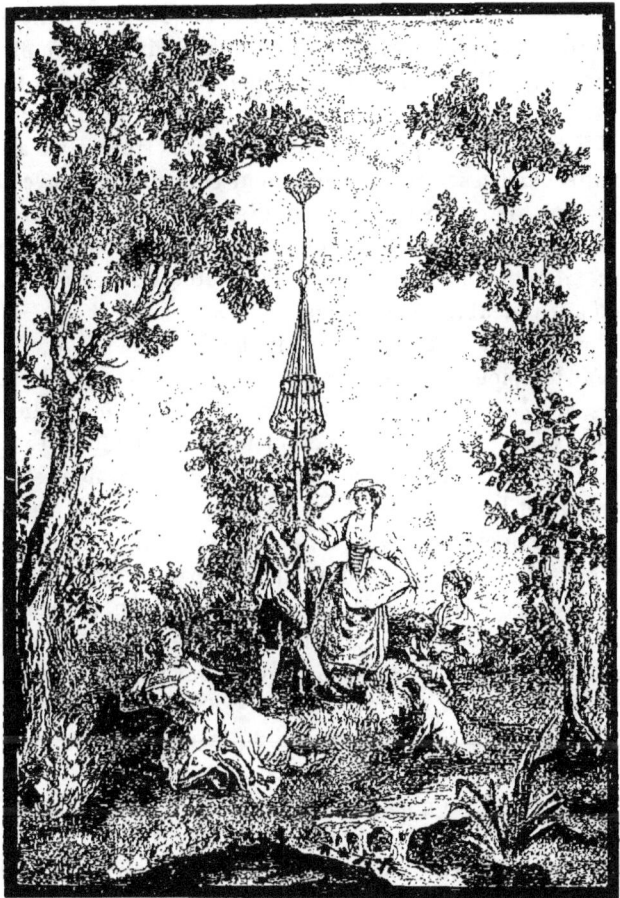

Fig. 84. — *Pastorale,* dessinée par Boucher et exécutée à Beauvais.

Menou, homme du métier, précédemment établi à Aubusson, serait sans doute parvenu à maintenir la Manufacture, sans la crise terrible que traversèrent alors tous nos arts somptuaires.

Ce fut un ancien ouvrier de Beauvais nommé Camousse, fils et petit-fils de tapissiers ayant toujours travaillé à la Manufacture, qui sauva celle-ci d'une déconfiture complète. Il mourut en l'an VIII, et quand, quelques années plus tard, l'établissement passa dans l'administration de la Maison de l'Empereur, le personnel recruté par Huet était assez nombreux et assez expérimenté pour entreprendre, avec les Gobelins, de reconstituer le mobilier des palais et châteaux rendus par le Nouveau Régime à leur destination première. Les Gobelins furent chargés d'exécuter les tentures ; on confia les meubles à Beauvais.

Percier et Fontaine, sur les indications de David, fournirent les modèles. Les compositions galantes et pittoresques, les *bergeries,* les *pastorales,* si fort à la mode durant tout le XVIIIe siècle, furent complètement abandonnées. Le genre héroïque seul fleurit. Mars et Bellone avaient chassé l'Amour et les Grâces.

Huet mourut en 1814, laissant pour lui succéder ses deux fils, qui en 1819 furent remplacés par Guillaumot, chef du bureau de la comptabilité dans la Maison du roi. Ce dernier reprit les traditions d'Oudry, et sous son administration Beauvais produisit nombre d'ouvrages recommandables. Il mourut en 1828, son fils obtint son emploi en 1831, après un intérim ridicule du marquis d'Ourches, et reçut de Louis-Philippe de puissants encouragements. Mais l'exécution des commandes royales ne s'effectua pas sans tiraillements. Le payement d'appointements fixes, substitué au travail à la tâche, amena dans la production une perturbation profonde, et Grau de Saint-Vincent, qui remplaça Guillaumot fils, ne put faire exécuter, pendant une assez longue période, qu'une quantité très limitée de pièces de tapisserie.

La révolution de 1848 provoqua la réunion sous une

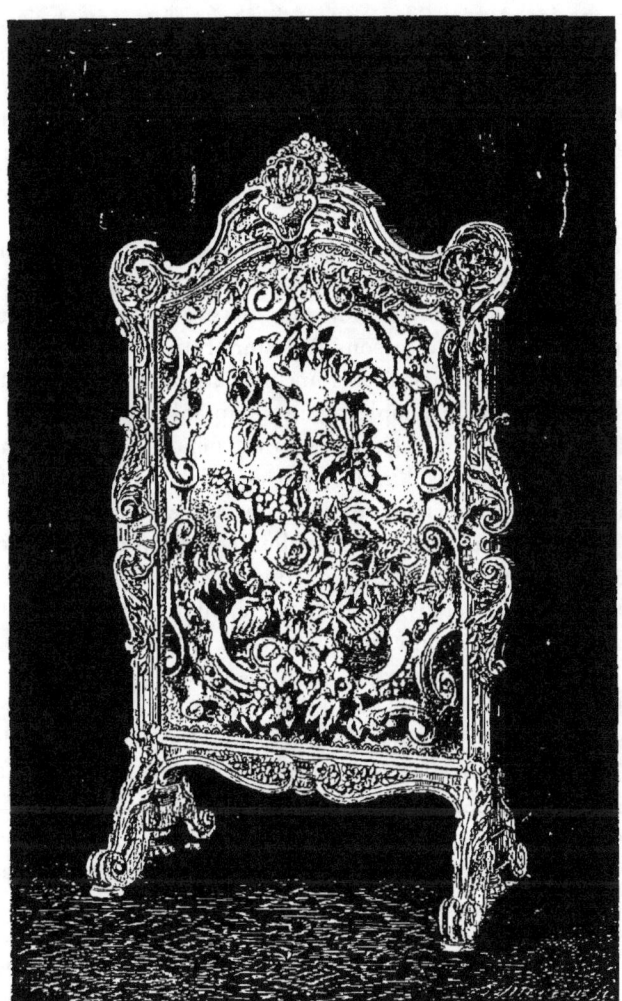

Fig. 85. — Écran composé par M. Chabal-Dussurgey, exécuté à Beauvais.

même administration des deux Manufactures nationales de tapisseries. M. Badin, peintre distingué, fut nommé directeur avec résidence à Paris. Une commission spéciale, composée d'artistes et de savants, fut chargée d'étudier les réformes à apporter dans l'organisation et le fonctionnement des deux Manufactures. Le coup d'État vint mettre fin à ce préambule qui traînait en longueur. Les Gobelins et Beauvais, séparés de nouveau, rentrèrent dans les attributions de la Maison de l'Empereur. M. Badin fut nommé directeur à Beauvais, et M. Lacordaire directeur aux Gobelins. En 1860, la réunion des deux établissements eut lieu une seconde fois, sous l'administration de M. Badin, auquel fut adjoint à Beauvais un inspecteur, remplacé, deux ans après, par un simple agent comptable.

Napoléon III, qui pendant sa présidence avait témoigné à diverses reprises l'intérêt personnel qu'il portait à la Manufacture, donna aux ateliers une assez vive impulsion, en faisant procéder à une nouvelle décoration des palais et châteaux dépendant de la Couronne. Aussi la période impériale fut-elle relativement féconde. Malheureusement la plupart des beaux ouvrages, exécutés d'après les cartons de MM. Chabal-Dussurgey, Diéterle, Badin, Arbant, Desgoffe, Muller, Lambert, Galland, furent détruits dans les incendies des Tuileries, du palais de Saint-Cloud et du Palais-Royal. En 1870, les travaux se trouvèrent interrompus par l'Invasion, et ne reprirent qu'en 1873. Depuis lors, sous l'intelligente direction de M. Badin fils, la Manufacture, qui compte trente artistes d'un talent éprouvé, n'a pas cessé de produire des ouvrages particulièrement recommandables, et auxquels on ne saurait trouver d'autres défauts que la lenteur avec laquelle ils sont exécutés — bien que les métiers de basse lice soient seuls employés à Beauvais — et leur prix de revient.

XI

FELLETIN ET AUBUSSON

Si les ateliers de haute et basse lice furent extrêmement nombreux au Moyen Age et à l'époque de la Renaissance — trop nombreux même pour que nous essayions d'en retracer l'histoire — et répandus sur toute l'étendue du Royaume, par contre les centres de production qui conservèrent quelque importance au xviie siècle, se trouvent fort réduits, et nous ne voyons guère en France que Felletin et Aubusson dont les produits méritent qu'on leur consacre une rapide étude.

On n'est pas d'accord sur l'époque où furent établis les premiers métiers à Felletin. Quelques écrivains prétendent que Louis de Clermont, fils de Robert, comte de Bourbon, ayant épousé Marguerite, fille de Jean d'Avesnes, comte de Hainaut, et ayant constaté la prospérité que l'industrie de la tapisserie répandait dans les villes de l'Artois et de la Flandre, profita des relations créées par son mariage, pour transporter dans le comté de la Marche, dont il venait d'obtenir la cession de Philippe le Bel, ce métier artistique qui jetait un si vif éclat dans les cités du Nord.

Il est à remarquer, toutefois, et bien qu'on attribue aux ateliers de la Marche l'admirable tapisserie de la *Dame à la Licorne*, conservée jusqu'en ces années dernières au château de Boussac, et actuellement au musée de Cluny, ainsi qu'une bande représentant l'*Adoration des rois mages*, appartenant au musée de Lyon; il est à remarquer, disons-nous, qu'aucun texte décisif ne corrobore les suppositions des historiens, et qu'on ne sait rien de bien sérieux sur les tapisseries de Felletin avant le xvie siècle.

Le premier document où l'on rencontre ces tapisseries

en nombre est l'*Inventaire de la duchesse de Valentinois* (1514). Dans cet inventaire, en effet, on relève « vingt-deux pièces de tappicerie de Felletin, à champ de vert brun, avecques le ciel de semblable sorte, le tout à fuellage », et « dix pièces de tappicerie de Felletin à champ doré, à verdure, feuillaige et bestes, avec le ciel de mesmes, et une petite pièce de ladite sorte, où il y a à faire trois carreaulx ». On remarque encore, dans ce document, une « chambre garnye de sept pièces de tappicerie de Felletin, tant grandes que petites, à fuellage ».

De cette profusion de tapisseries, on peut conclure deux choses : la première, c'est que la production de la Marche était à cette époque très active, et que ses ateliers étaient nombreux et bien pourvus; la seconde, c'est que les tissus sortant de ses métiers, bien qu'ils ne représentassent guère que des *verdures* et *bocages*, étaient d'une certaine finesse et d'une relative beauté, sans quoi ils n'eussent pas trouvé place dans le luxueux mobilier de la veuve de César Borgia.

A partir du xvie siècle, au demeurant, on rencontre les tapisseries de Felletin en abondance dans nos provinces du Midi et du Centre, où les manufactures de la Marche devaient naturellement chercher leurs débouchés principaux. Dans l'*Inventaire de messire Pierre Berle* (Bordeaux, 1531), dans celui de *Pierre Bonafous, conseiller au parlement de Toulouse* (1568), dans l'*Inventaire du château de Lanmarie*, habité par Antoine de Sainte-Aulaire (1595), etc., on constate la présence de ces tapisseries. Enfin sous le règne de Henri III (1581) la manufacture de Felletin fut frappée de droits fiscaux assez lourds, et, comme le remarque M. Guiffrey[1], « le fisc ne songe guère en général à demander des subsides qu'aux métiers prospères et florissants ».

Au xviie siècle, on retrouve les tapisseries de Felletin toujours en honneur dans le midi et dans l'ouest de la France.

---

1. *Histoire de la tapisserie*, p. 359.

En 1619, une dame Marie de la Boullaye, demeurant à Fontenay, en Vendée, commandait à Léonard de la Mazure,

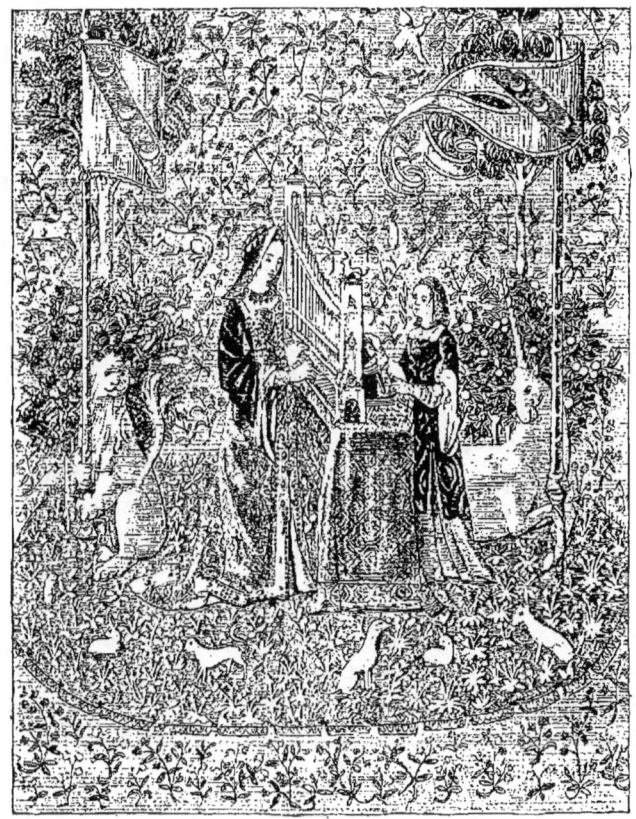

Fig. 86. — La *Dame à la Licorne*, tapisserie de Felletin. (XVe siècle.)
MUSÉE DE CLUNY.

qui paraît avoir été le grand fabricant de cette époque, une tapisserie de l'*Histoire d'Esther et d'Assuérus* en cinq pièces. Vers le même temps, nous relevons dans l'*Inventaire de Pierre Essenault, conseiller au parlement* (Bordeaux, 1626), l'article suivant : « Plus huit aultres pièces de tappisseryes de Feletin, à grands personnaiges. » C'est encore à cette période qu'appartiennent les reproductions, par les tapissiers de la Marche, des fameuses suites de *Gombaut et Macé,* dessinées par Laurent Guyot (voir fig. 71). Ces particularités sont à retenir, car elles prouvent que les tapissiers de Felletin, dont la fabrication, au xvie siècle, avait paru s'être concentrée exclusivement sur des *verdures,* faisaient aussi des tapisseries à figures, et exécutaient des *histoires,* c'est-à-dire de vastes compositions.

C'est, du reste, l'époque où la production de ce petit centre atteint son apogée. Sous Colbert, les fabricants se plaignent déjà de la décadence de leur industrie et du manque d'affaires. Remarquons encore que, malgré son développement et les sujets importants avec lesquels elle se mesura, la fabrication de Felletin ne paraît pas s'être distinguée par une grande perfection. Les prix de 16, de 24 et de 32 livres qu'on payait l'aune de ses produits, n'indiquent pas des tissus d'une beauté ni d'une finesse bien remarquables.

On peut conclure de ces derniers chiffres que les fabricants de la Marche durent surtout leur succès au bon marché de leurs ouvrages. Ils expliquent aussi comment, à partir de cette époque, la production felletine se trouva peu à peu reléguée au second plan et absorbée par le nom grandissant d'Aubusson.

S'il fallait en croire les historiens, l'origine des ateliers de cette dernière ville se perdrait dans la nuit du Moyen Age, et ces ateliers auraient joui dès le xve siècle d'une notoriété considérable[1]. La vérité, toutefois, est qu'on sait peu de chose de leurs produits avant le xviie siècle, et que

---

1. Voir Piganiol de la Force, *Description de la France,* t. V, p. 381; La Martinière, *Grand Dictionnaire de géographie,* t. Ier, p. 251; Pérathon, *Notice sur les tapisseries d'Aubusson, de Felletin et Bellegarde,* p. 66; E. Muntz, *Histoire de la tapisserie,* p. 286, 335, etc.

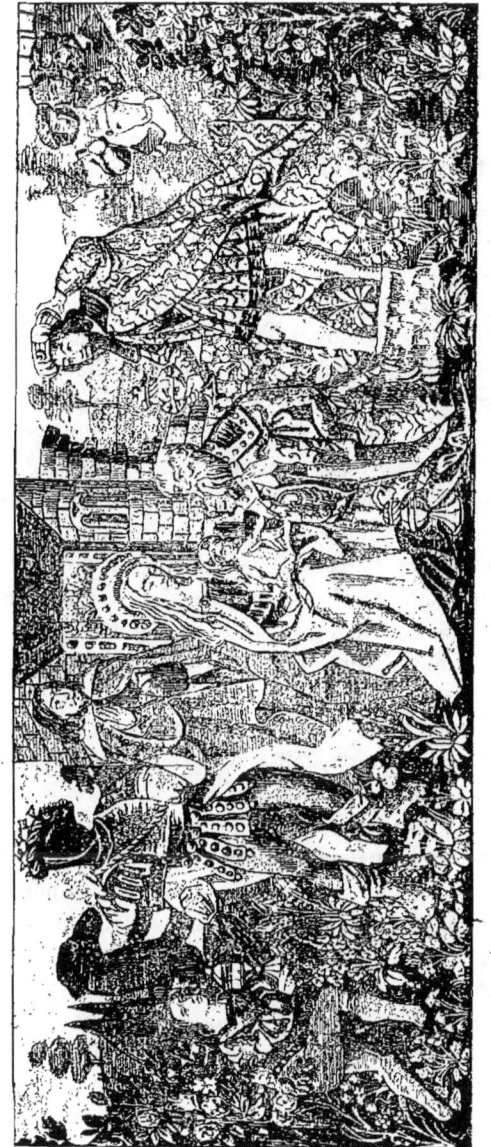

Fig. 87. — *L'Adoration des rois mages*, tapisserie de Felletin. (Extrême fin du xvᵉ siècle.) MUSÉE D'ART ET D'INDUSTRIE DE LYON.

le nom d'Aubusson n'est mentionné ni dans l'*Édit* de 1542 ni dans les *Lettres patentes* de 1581, qui concernent cependant les manufactures de tapisserie de la Marche. C'est seulement à partir du règne de Louis XIII qu'il est permis de constater l'activité des fabriques aubussonnaises. M. Guiffrey cite une suite de la *Vie de Jésus-Christ* datée d'Aubusson 1619. Un contrat relevé par nous dans les Archives de la Charente relate, à la date du 17 mars 1625, la commande de Gabriel de la Charlonnie, sieur de la Nouère et de la Vergne, à Jacques Troussevache, tapissier d'Aubusson, d'une « pièce de tapisserie bien et dheuement faite de layne retorsse, rehaussée de fleurs de soie, de haulteur et largeur de la cheminée de la grande salle du logis dudit sieur juge-prévost (sic) et contiendra, ladite pièce de tapisserie, la représentation des trois pellerins allant à Emau (à Emmaüs), sçavoir Notre-Seigneur au milieu, avec des rayons sur son chef, au millieu desdicts pellerins, et le surplus, en bergerie, paysage et chasse de lièvre, moyennant le prix de 150 livres ». Un autre acte du 10 février 1627, provenant de la même source, mentionne le marché par lequel Léonard Derolle et Pierre Matyron, successeurs de Jean Matyron, marchands tapissiers à Aubusson, s'engagent à livrer, moyennant la somme de 550 livres, deux tentures de tapisserie à François de Langallerie.

Ces diverses transactions indiquent assurément une certaine activité industrielle ; mais en même temps les prix payés démontrent qu'il s'agit là d'ouvrages sinon grossiers, du moins très communs ; et l'on serait amené à donner raison aux historiens qui prétendent que, jusqu'au xviiie siècle, Aubusson n'a pas produit de tapisseries fines et précieuses, si l'on ne savait qu'en 1666 Jacques Bertrand, « tapissier de la ville d'Aubusson », fournit à Louis XIV une pièce de tapisserie relevée d'or, et si plusieurs pièces de même provenance ne figuraient dans les *Inventaires du mobilier de la Couronne* dressés sous le règne de ce monarque. D'ailleurs, dès 1665, Louis XIV autorisait la fabrique d'Aubusson à prendre le titre de *Manufacture royale*, et décidait qu'un peintre de mérite et un chef teinturier seraient envoyés de Paris pour diriger la fabrication.

Cette sage disposition resta, toutefois, à l'état de lettre morte. Colbert oublia ses promesses, et bientôt la révoca-

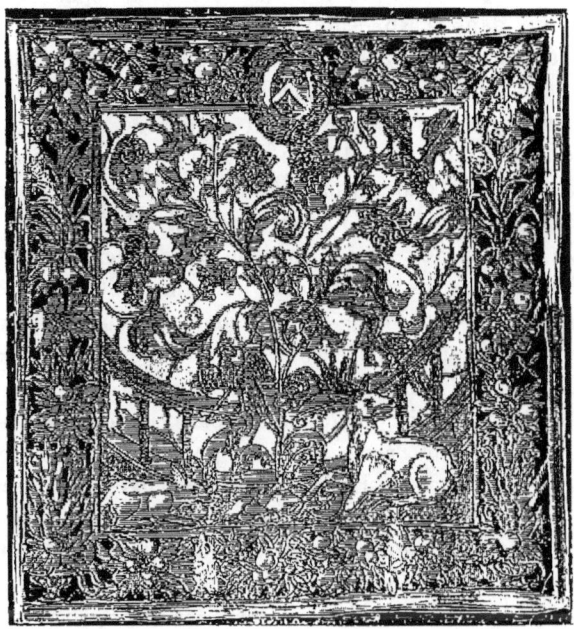

Fig. 88. — *Verdure* en tapisserie de Felletin. (Premières années du XVIIe siècle.)

tion de l'édit de Nantes vint porter un coup décisif à cette industrie, qu'un titre sonore n'avait pu relever. Ce fut seulement en 1731, après des demandes sans cesse renouvelées, que le gouvernement expédia enfin Jean-Joseph du Mons, qui approvisionna la Manufacture de modèles. Les peintres Juliard, Ranson, Huet, eurent également part à ce relèvement. Une lettre de l'intendant Fagon datant de la même époque (1732) nous apprend qu'à ce moment on comptait à Aubusson près de quatre mille ouvriers.

Dans la seconde moitié du xviiie siècle, un certain nombre d'industriels entreprenants, à la tête desquels il faut placer les sieurs Chassaigne père et fils, Fourrier et surtout Salandrouze de la Mornaix, établirent à Paris des dépôts, et firent les plus grands efforts pour répandre leurs produits dans la Normandie, la Bretagne, et pour conserver aux tapissiers d'Aubusson et de Felletin la clientèle des provinces centrales de la France. Ces efforts intelligents se sont continués en notre siècle, et grâce à eux la fabrication d'Aubusson a gardé son vieux renom, et figure avec honneur au premier rang des centres de fabrication qui continuent de montrer une relative activité.

On compte encore à Aubusson douze manufactures de tapisserie, sur lesquelles trois au moins ont une certaine importance. Ces douze établissements occupent environ 400 ouvriers, 130 ouvrières et 30 apprentis des deux sexes. Nous sommes loin, il est vrai, des 4,000 ouvriers dont parle Fagon; mais quand on compare la production d'Aubusson à celle du reste de l'Europe, il faut bien convenir qu'elle tient la tête. En Belgique, en effet, la fabrication flamande, si intense au xve et au xvie siècle, qui à Bruxelles, à Audenarde, à Tournai, activait des milliers de métiers, a fait place au modeste atelier d'Ingelmunster, dont le propriétaire, M. de Montblanc, réserve les rares produits pour son usage personnel, et à la *Manufacture royale de Malines,* où M. Braquenié entretient un petit nombre de tapissiers qu'il a fait venir d'Aubusson. A cela on peut ajouter encore quelques rares métiers fonctionnant à Madrid et à Rome, et la tentative malheureuse faite vers la fin du second empire à Neuilly. Et c'est tout.

Les 500 ouvriers d'Aubusson et les 200 tapissiers qui travaillent à Felletin représentent donc le centre le plus considérable de ce bel art en pleine décadence. Ce petit groupe

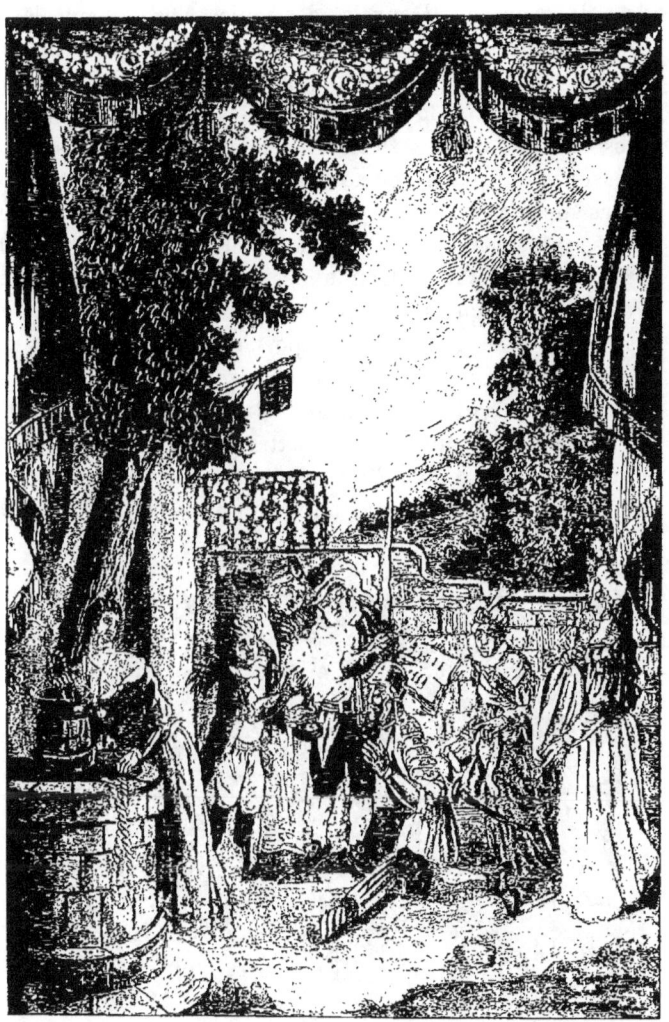

Fig. 89. — L'*Histoire de Don Quichotte*, tapisserie d'Aubusson. (XVIIIe siècle.)

produit trois sortes de tissus : des tapisseries de basse lice dans le genre de Beauvais, des tapisseries de haute laine dans le genre de la Savonnerie, et enfin des moquettes d'une qualité excellente. Ajoutons pour terminer que la plupart de ces tissus sont loin d'avoir la finesse des belles tapisseries du xve et du xviie siècle. Cependant les tapissiers d'Aubusson n'ont pas perdu toutes notions du grand art dont leurs ancêtres tiraient un légitime orgueil. Et quand leurs trop rares clients consentent à y mettre le prix, ils exécutent avec toute la perfection désirable non seulement les verdures, bouquets, ornements, mais même des copies de tableaux et des panneaux comportant des personnages.

Enfin le gouvernement, désireux de ne pas laisser se perdre les traditions d'un art jadis si glorieux, et qu'un retour de la fortune peut remettre en vogue, a institué à Aubusson une École Nationale d'art décoratif, dont les précieux enseignements ne tarderont pas — il faut l'espérer — à porter leurs fruits.

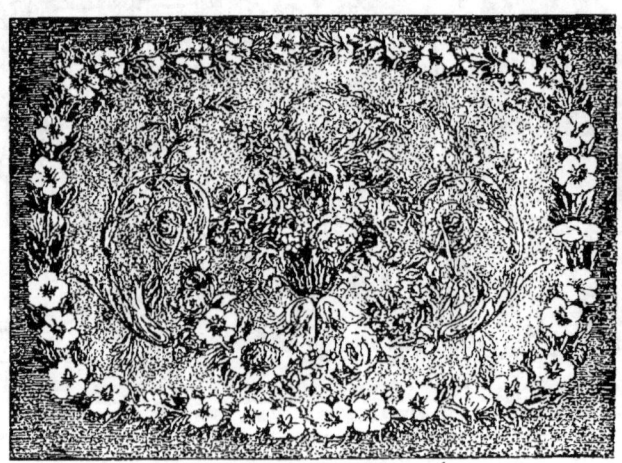

Fig. 90. — Dossier de siège, tapisserie d'Aubusson.

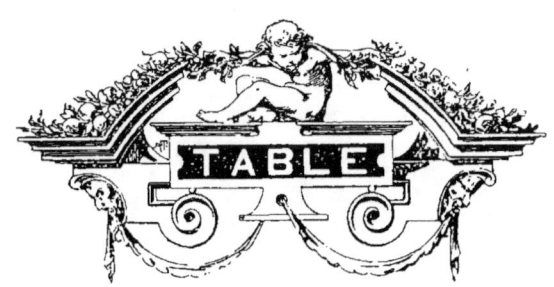

PREMIÈRE PARTIE

I.	— Origine de la tapisserie.— Son utilité.— Sa raison d'être.	3
II.	— La tapisserie de haute lice..........................	7
III.	— La tapisserie de basse lice.........................	19
IV.	— La rentraiture......................................	25
V.	— Les tapisseries de haute laine dites de la Savonnerie.	34
VI.	— La tapisserie à l'aiguille sur canevas..............	40
VII.	— De quelques règles à observer dans la confection des modèles de tapisserie............................	47

DEUXIÈME PARTIE

I.	— La tapisserie dans l'Antiquité......................	67
II.	— La tapisserie à l'aiguille, depuis le Moyen Age jusqu'à la Révolution.....................................	76
III.	— Les diverses Communautés de tapissiers au Moyen Age et sous l'Ancien Régime...........................	91
IV.	— La tapisserie de haute lice avant le XIVe siècle.......	98
V.	— La tapisserie au XIVe et au XVe siècle. — Paris et Arras.	109
VI.	— La tapisserie au XVIe siècle.........................	124
VII.	— La tapisserie pendant la première moitié du XVIIe siècle.	145
VIII.	— Les Gobelins. — La manufacture royale des meubles de la Couronne....................................	153
IX.	— La manufacture de la Savonnerie....................	174
X.	— La manufacture de Beauvais........................	182
XI.	— Felletin et Aubusson...............................	189

IMPRIMÉ
POUR M. CH. DELAGRAVE
PAR LA
SOCIÉTÉ ANONYME D'IMPRIMERIE DE VILLEFRANCHE-DE-ROUERGUE
JULES BARDOUX, DIRECTEUR

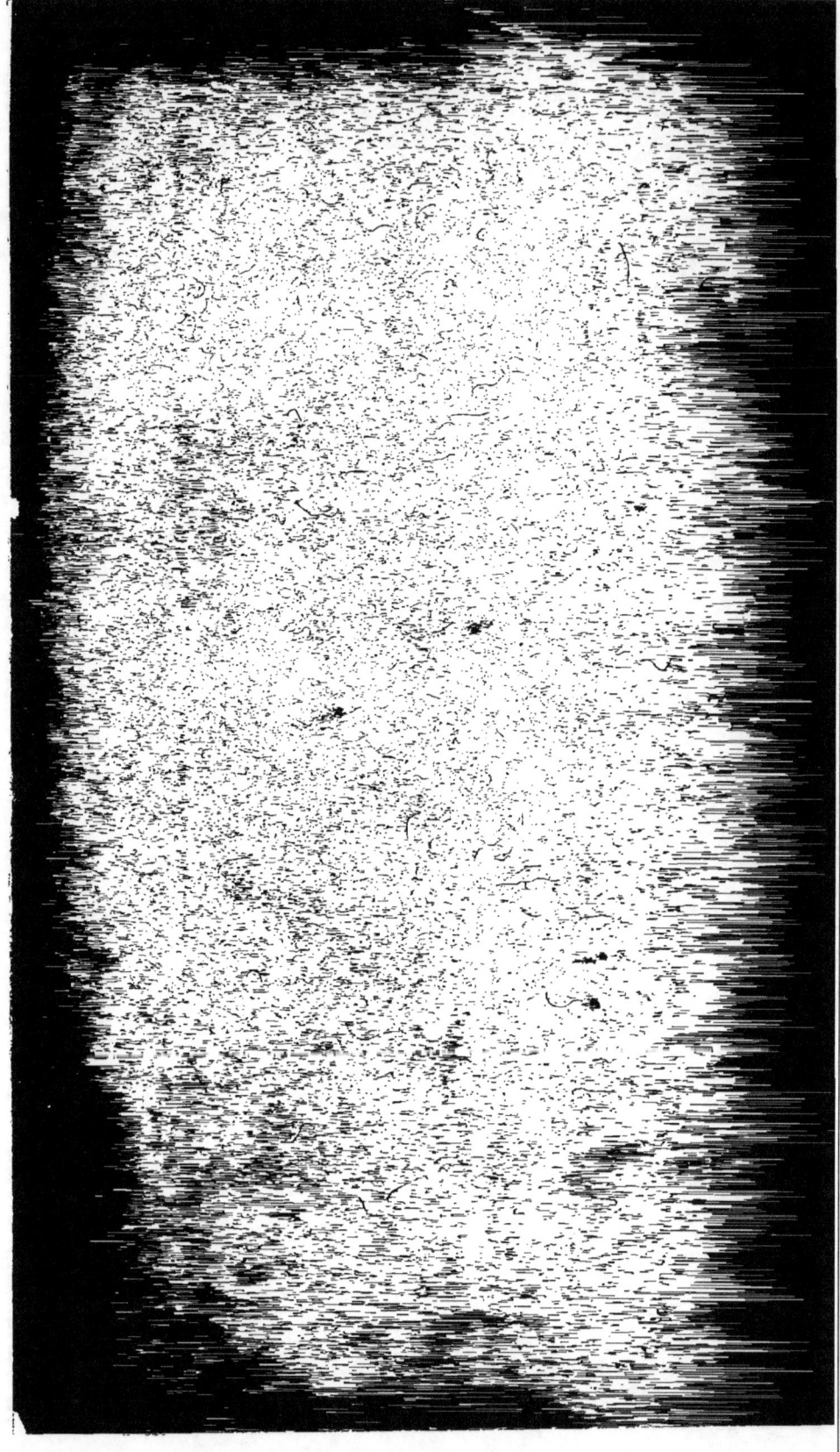

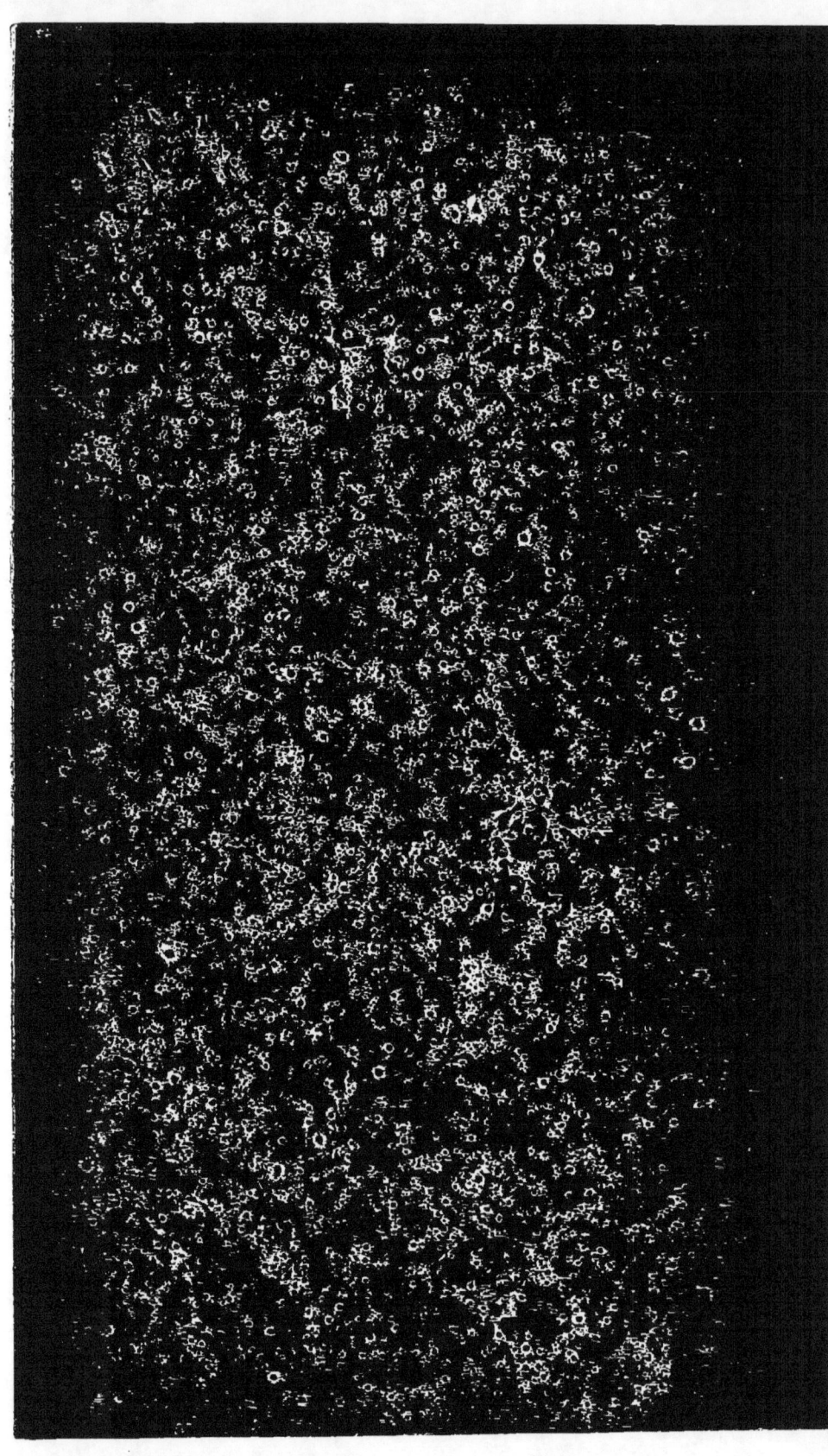

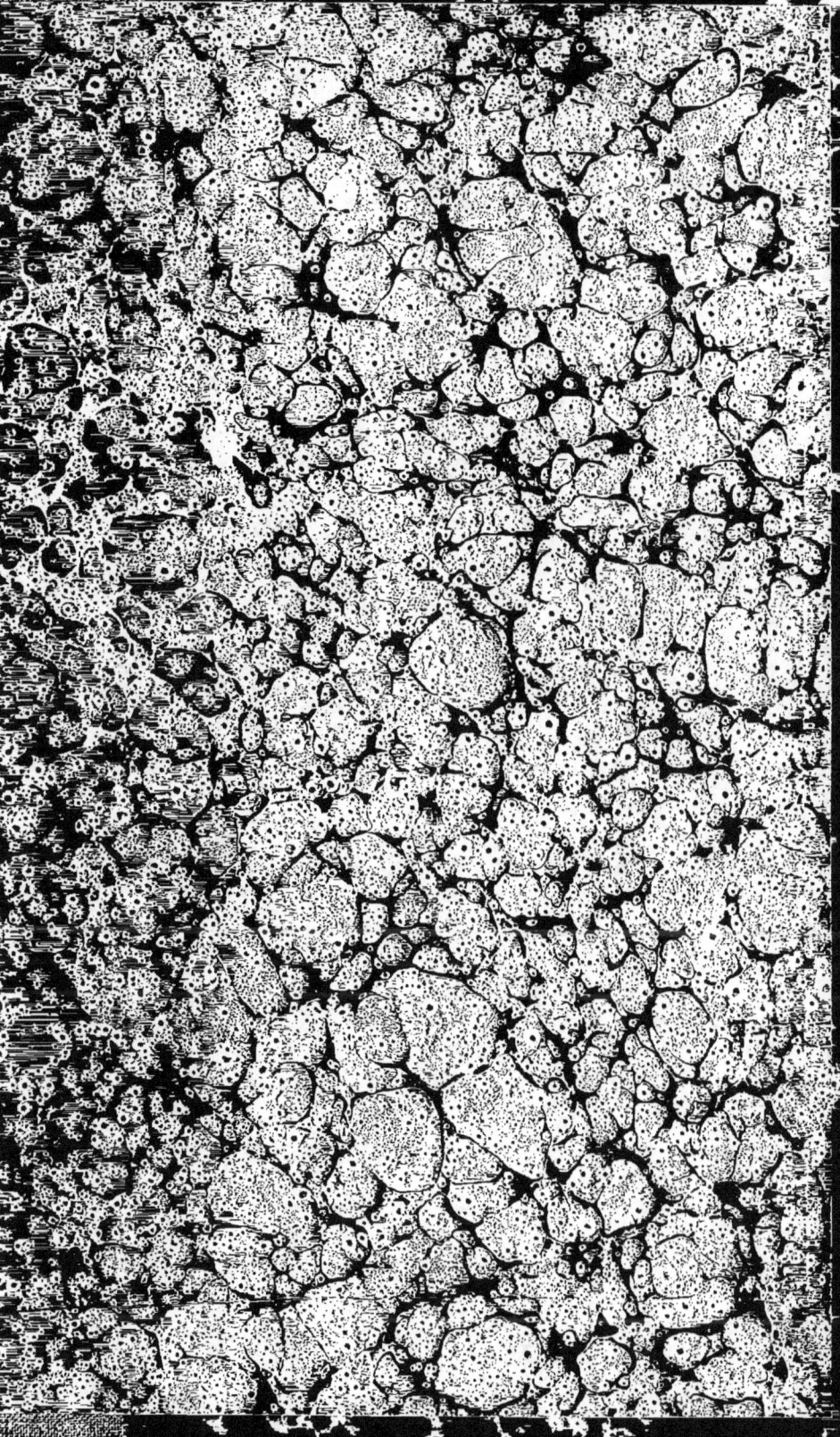

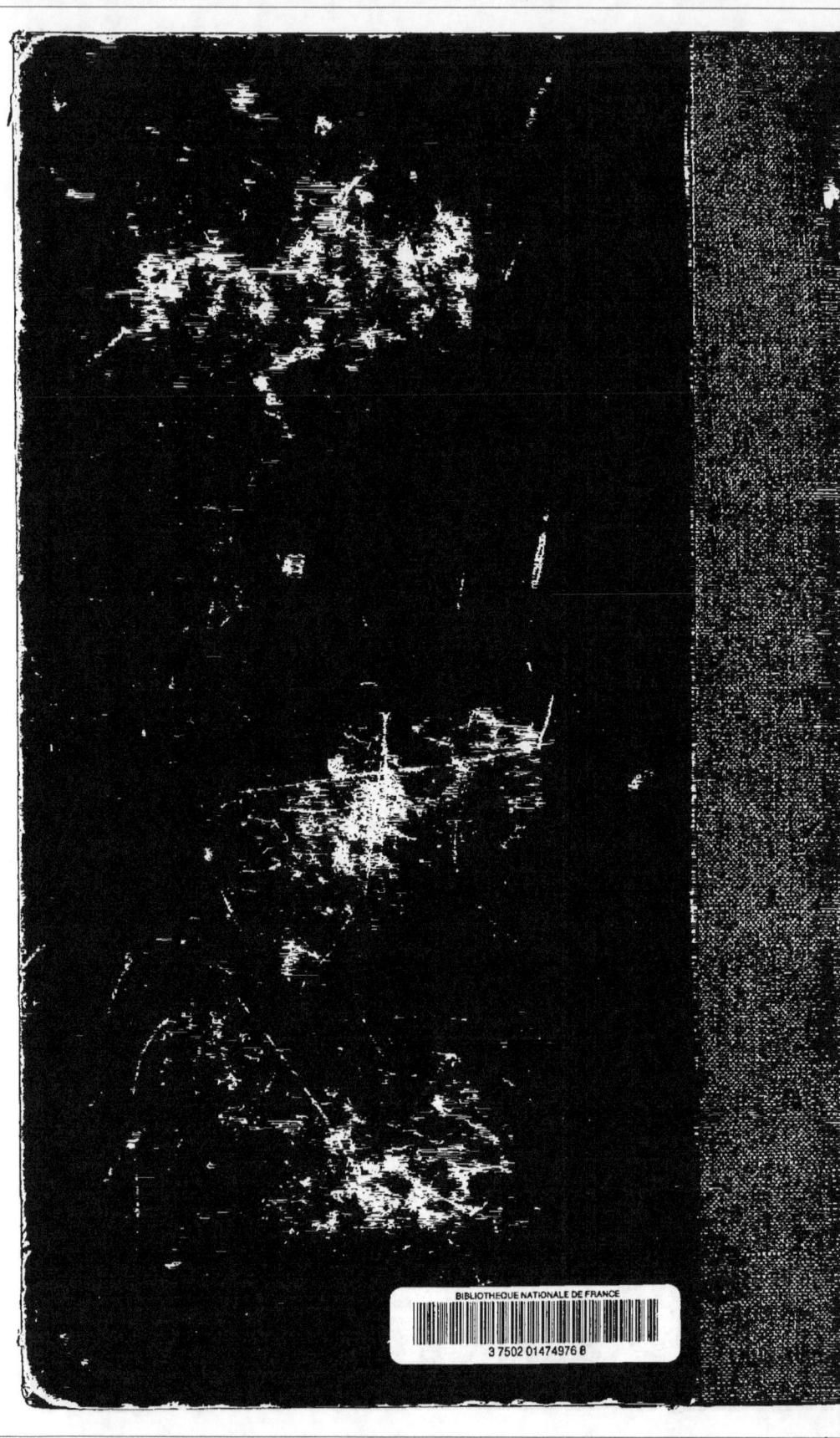

www.ingramcontent.com/pod-product-compliance
Lightning Source LLC
Chambersburg PA
CBHW050207230526
45470CB00001B/276